अजीम प्रेमजी

की बायोग्राफी

अजीम प्रेमजी की बायोग्राफी

ए.के. गांधी

प्रभात प्रकाशन

प्रकाशक

प्रभात प्रकाशन प्रा. लि.

4/19 आसफ अली रोड, नई दिल्ली–110002

फोन : 011–23289777 • हेल्पलाइन नं. : 7827007777

इ–मेल : prabhatbooks@gmail.com ❖ वेब ठिकाना : www.prabhatbooks.com

संस्करण

2025

पेपरबैक मूल्य

तीन सौ पचास रुपए

मुद्रक

आर–टेक ऑफसेट प्रिंटर्स, दिल्ली

AZIM PREMJ Ki Biography
by Shri A.K. Gandhi

Published by **PRABHAT PRAKASHAN PVT. LTD.**
4/19 Asaf Ali Road, New Delhi-110002

ISBN 978-93-95386-29-6

₹ 350.00 (PB)

भूमिका

देश के शीर्ष व्यवसायियों की सूची में बहुत से ऐसे सफल व्यवसायी हैं, जिन्होंने शीर्ष तक पहुँचने के लिए भ्रष्टाचार और रिश्वत जैसे अनैतिक साधनों का प्रयोग किया है और इसके बावजूद वे कई लोगों के लिए प्रेरणा के सबसे बड़े स्रोत हैं; वहीं दूसरी तरफ कुछ अजीम प्रेमजी जैसे भी हैं, जिन्होंने नैतिकता का रास्ता नहीं छोड़ा, लेकिन फिर भी वे सफलता के ऐसे शिखर तक पहुँचने में सफल रहे, जो बहुतों के लिए ईर्ष्या का सबब है। उन्होंने अपनी शिक्षाओं से यह साबित किया है कि एक सकारात्मक मानसिकता भी सफलता का एक स्रोत हो सकती है। उन्होंने यह दिखाया है कि नैतिकता आपके कदमों को सफलता तक पहुँचने से नहीं रोक सकती और उन्होंने वनस्पति तेल के अपने छोटे से पारिवारिक व्यवसाय से देश की दिग्गज और सबसे सफल सॉफ्टवेयर कंपनी, जिसके उत्पादों की फेहरिस्त काफी लंबी है, का निर्माण करते हुए इसे बखूबी कर दिखाया है। उन्होंने ढेर सारा पैया कमाया, इसके बावजूद वे उसके प्रति कोई लगाव महसूस नहीं करते हैं और उन्होंने अपनी जीवन-शैली के साथ-साथ परोपकारी कामों के जरिए इसे बखूबी प्रदर्शित भी किया है। एक तरफ तो वे अपनी कंपनी की तरक्की और सफलता को लेकर चिंतित रहते हैं, वहीं इसके साथ ही वे ऐसा भी चाहते हैं कि इस समाज में कोई भी व्यक्ति गरीब और अशिक्षित न रहे। सामाजिक

मुद्दों को लेकर उनकी चिंता ने उन्हें दुनिया के सामने एक ऐसे महानतम व्यक्ति के रूप में प्रस्तुत किया है, जो सार्वजनिक हित के लिए अपनी पूरी संपत्ति तक को बाँटने के लिए तैयार हैं; और ऐसा करने के लिए उन्होंने कंपनी की दौलत का इस्तेमाल नहीं किया; और उनका बिल्कुल समुचित रूप से यह कहना है कि परोपकार तभी सबसे अच्छा होता है, जब उसे अपने पैसे के दम पर किया जाए। उनका परोपकार बिल्कुल भी 'देकर भूल जाने' वाला नहीं है, बल्कि वे यह सुनिश्चित करने का पूरा प्रयास करते हैं कि उनके द्वारा किया जानेवाला काम चिरस्थायी हो, जो अपने पीछे समाज पर एक महान् असर और एक समृद्ध विरासत छोड़े।

हम जैसे-जैसे उनके प्रसिद्धी के शिखर पर पहुँचनेवाले व्यक्तित्व को परत-दर-परत देखते हैं, तो कॉलेज के दिनों से ही हमें उन मौकों के उदाहरण मिलने लगते हैं, जिन्होंने उन्हें वो व्यक्ति बनाया है, जो वे आज हैं। वे सिर्फ मूल्यों को धारण करने का दावा ही नहीं करते हैं, बल्कि वो स्वयं उनका अनुसरण भी करते हैं और वो भी बिना किसी अपवाद के। उन्होंने कई मौकों पर तो अपने मूल्यों से हाथ झाड़ने के मुकाबले नुकसान का सामना करने का चुनाव किया; और यही वो आदत है, जो उन्हें सिर्फ व्यापार जगत् ही नहीं, बल्कि जीवन के सभी क्षेत्रों के सबसे महान् लोगों में से एक बनाती है।

उनकी यह जीवनी इस तथ्य के आलोक में और भी अधिक महत्त्वपूर्ण दस्तावेज बन जाती है, क्योंकि अजीम प्रेमजी ने अपने व्यक्तिगत जीवन के बारे में बहुत कम बोलने का फैसला किया है, फिर भी इस पुस्तक के जरिए उनके विषय में सबसे विस्तृत विवरण को सामने लाने का प्रयास किया गया है, जिसे सबसे विश्वसनीय स्त्रोतों से प्राप्त किया गया है और ऐसा करते हुए, हम उनके जीवन को उस तरीके से एकत्रित कर पाने में सफल रहे हैं, जैसा आज की तारीख में हम उन्हें जानते हैं और उनकी रणनीतियों और मूल्यों सहित वे तमाम चीजें, जो उन्हें सफलता के शिखर तक लेकर गई हैं। एक पाठक को यह जानकर काफी खुशी होगी कि वे सिर्फ उस बड़े सॉफ्टवेयर के व्यवसाय, जिसे उन्होंने स्थापित किया है या फिर उनके द्वारा किए जानेवाले

परोपकारों के महान् कामों से कहीं परे हैं और उनके वास्तविक व्यक्तित्व को उजागर करना लेखक के लिए भी खासा रहस्योद्घाटन जैसा रहा है और इस सबको अनावश्यक आँकड़ों की गहराई में जाए बिना प्रस्तुत किया गया है, क्योंकि वे समय के साथ अपना मूल्य खो देते हैं।

उनके जीवन से जुड़े यह जादुई तथ्य हमारे सामने एक ऐसे व्यक्तित्व को लेकर आते हैं, जिसके बारे में हम अधिक-से-अधिक जानना चाहते हैं, विशेषकर तब, जब आप मायूसी भरे माहौल में फँसे होते हैं। उनके इस शानदार व्यक्तित्व में सीखने के लिए बहुत कुछ मौजूद है, विशेषकर प्रतिकूल परिस्थितियों में सफलता कैसे प्राप्त की जाए? हो सकता है कि वे इस बढ़ती हुई उम्र में अब इतने अधिक सक्रिय न हों, लेकिन इसके बावजूद वे अपने विविध प्रयासों और संस्थानों के माध्यम से अपनी कंपनी, समाज और राष्ट्र का मार्गदर्शन करते रहते हैं। उनकी उपलब्धियाँ और मूल्य उन्हें एक वास्तविक दूरदर्शी बनाते हैं, एक ऐसा व्यक्तित्व, जिसके बारे में प्रत्येक व्यक्ति को जानना चाहिए और अनुकरण करना चाहिए।

—ए.के. गांधी

अनुक्रम

विप्रो का अस्तित्व में आना

जैसे ही आप 'अजीम प्रेमजी' का नाम सुनते हैं, आपके जेहन में सबसे पहले जो धारणा उभरकर सामने आती है, वो है एक ऐसे महान् कुलीन व्यक्ति की, जो व्यापारिक जगत् के साथ-साथ परोपकार की दुनिया में भी सीना तानकर खड़ा है। यहाँ तक कि वे लोग भी, जो परोपकार में विश्वास करते हैं, वे भी उनके द्वारा किए जानेवाले दान की सीमा को देखकर ईर्ष्या से घिर जाते हैं। वे देश के उन गिने-चुने मुसलमानों में से एक हैं, जिन्होंने आस्था, धर्म, क्षेत्र या दर्शन की किसी भी सीमा से परे होकर खुद को व्यापक जनसमूह का लाड़ला बना लिया है।

हालाँकि परोपकार को धन के बिना किया जाना बिल्कुल नामुमकिन है और इसे नियत योजना और निष्पादन की कठिन राह के जरिए अर्जित करना पड़ता है। अजीम के पिता मोहम्मद हुसैन प्रेमजी ने व्यापार के क्षेत्र में एक शुरुआत की थी। वे वर्ष 1940 में एक ऐसे स्थान की तलाश में थे, जहाँ वे वनस्पति तेल तैयार करने का कारखाना स्थापित कर सकें, जो बाद में 'डालडा' के नाम से मशहूर हुआ और घर-घर में पहचाना गया। भारत में 'डालडा' ब्रांड वनस्पति तेल का पर्याय बन गया है और अगर आप एक किराने की दुकान के बाहर खड़े हो जाएँ तो आप यह देखकर हैरान रह जाएँगे कि अगर किसी उपभोक्ता ने 'डालडा' की माँग की है और दुकानदार उस

ग्राहक को कोई और ब्रांड भी थमा देता है, तो भी उपभोक्ता उसे लेकर खुशी-खुशी चला जाता है। इसके अलावा मैंने लोगों को 'रथ डालडा' माँगते हुए भी देखा है, जो 'रथ ब्रांड' का वनस्पति तेल है। ऐसा तब होता है, जब किसी चीज की दुकानदारी इतने बड़े स्तर पर की जाती है कि वो उस उत्पाद का पर्याय बन जाती है। जेरॉक्स और कोलगेट जैसे कई अन्य उत्पादों के साथ भी बिल्कुल यही स्थिति रही है।

हमें यहाँ पर यह बात नहीं भूलनी चाहिए कि यह ऐसा युग था, जब ब्रिटिश शासन अपने अंतिम चरण में था और द्वितीय विश्वयुद्ध अपने पूरे जोरों पर लड़ा जा रहा था, जिसमें दुनिया के अधिकांश देश शामिल थे। युद्ध की माँगों के मद्देनजर, जिसमें अंग्रेजों ने भारत को बिना भारतीयों और भारतीय राजनेताओं की रजामंदी के एक पक्ष बना दिया था, अंग्रेजों ने कई अर्थों में भारत का शोषण करने का पूरा प्रयास किया। उस स्थिति के बावजूद, एम.एच. प्रेमजी अपने वनस्पति तेल के कारखाने को स्थापित करने के लिए एक समुचित स्थान की तलाश कर रहे थे, क्योंकि अंग्रेजों की नीतियों के चलते उनके चावल के कारोबार को काफी नुकसान उठाना पड़ा था और वे एक अलग क्षेत्र में अपने पाँव जमाना चाहते थे। एम.एच. प्रेमजी के पिता एक नामचीन चावल व्यापारी थे और एम.एच. प्रेमजी इस व्यवसाय में उनके साथ जुड़ गए, हालाँकि अंग्रेजों की कुछ नीतियों के चलते, उन्होंने वनस्पति तेल को चुना था, क्योंकि देसी घी को तलाशना और खरीदना आम आदमी के वश में नहीं था और वनस्पति तेल खाना पकाने में बिल्कुल वही कार्य करता था और खाने के अधिकांश स्वाद और सुगंध को भी बनाए रखता था। चूँकि इसकी कीमत काफी कम थी, इसलिए यह गरीब और निम्न-मध्यम वर्ग के लोगों के लिए वहन करने योग्य हो गया।

हमें यहाँ पर यह बात नहीं भूलनी चाहिए कि यह ऐसा युग था, जब ब्रिटिश शासन अपने अंतिम चरण में था और द्वितीय विश्वयुद्ध अपने पूरे जोरों पर लड़ा जा रहा था, जिसमें दुनिया के अधिकांश देश शामिल थे।

आखिरकार, एम.एच. प्रेमजी ने महाराष्ट्र के दूर-दराज के जलगाँव जिले के एक छोटे से गाँव अमलनेर का चुनाव किया। यह बोरी नदी के मुहाने पर स्थित है। आज यह गाँव एक छोटे से संपन्न शहर में तब्दील हो चुका है, जहाँ पर साधारण लोग रहते हैं और यहाँ पर कुछ आधुनिक सुविधाएँ भी उपलब्ध हैं। थोड़े दिन हुए हैं, जब रहन-सहन के आधुनिक तौर-तरीकों ने इस शहर के दरवाजों पर दस्तक देनी प्रारंभ कर दी है।

अपने व्यवसाय के जमने और बढ़ने के साथ, एम.एच. प्रेमजी ने 'वेस्टर्न इंडियन वेजिटेबल प्रोडक्ट्स लिमिटेड' के नाम से अपनी कंपनी को स्थापित किया, जो 'सनफ्लॉवर वनस्पति' के ब्रांड नाम के साथ खाना पकाने का तेल तैयार करता था और इसके अलावा खाना पकाने के तेल के निर्माण से बचनेवाले अवशेषों से '787' के नाम से एक कपड़े धोनेवाले साबुन के निर्माण का रास्ता खुला। यहाँ पर यह बताना भी बेहद आवश्यक है कि यह उन चुनिंदा कंपनियों में से एक थी, जो प्रारंभ में भारतीय शेयर बाजार में पंजीकृत थी। इसके 100 रुपए के अंकित मूल्य वाले 17,000 शेयर आवंटित किए गए, जिसमें से आधे तो कंपनी के निदेशकों को आवंटित किए गए थे, जबकि शेष को आम लोगों को आवंटित किया गया था। उन दिनों में, 100 रुपए एक बहुत बड़ी रकम मानी जाती थी, विशेषतौर पर अमलनेर जैसे एक छोटे से गाँव के लोगों के लिए। इसके बावजूद कई ग्रामीणों ने कंपनी में निवेश किया, क्योंकि वे कंपनी के साथ भावनात्मक रूप में जुड़े हुए थे। इसके अलावा, ग्रामीण कंपनी के साथ इसलिए भी जुड़ाव महसूस करते थे, क्योंकि कंपनी

> *आखिरकार, एम.एच. प्रेमजी ने महाराष्ट्र के दूर-दराज के जलगाँव जिले के एक छोटे से गाँव अमलनेर का चुनाव किया। यह बोरी नदी के मुहाने पर स्थित है। आज, यह गाँव एक छोटे से संपन्न शहर में तब्दील हो चुका है, जहाँ पर साधारण लोग रहते हैं और यहाँ पर कुछ आधुनिक सुविधाएँ भी उपलब्ध हैं।*

उनके कृषि उत्पादों को अच्छी कीमत में खरीदती थी और साथ ही गाँव के रहनेवाले कई लोग कंपनी के कारखाने में ही संतोषजनक पारिश्रमिक पर नियुक्त किए गए थे। इसके साथ ही, स्थानीय व्यापारियों ने भी खासा मुनाफा कमाया था, क्योंकि उन्होंने कारखाने के उत्पादों को अच्छे लाभ पर बेचा था। इसके अलावा, प्रेमजी द्वारा प्रदर्शित सद्भावना ने स्थानीय आबादी के साथ घनिष्ठ संबंध स्थापित किया था और एम.एच. प्रेमजी को 'मोहम्मद सेठ' कहकर बुलाया जाता था। इस कंपनी को एक ऐसे समय में स्थापित किया गया था, जब अमलनेर के लोगों को इस बात की जानकारी न के बराबर थी कि एक लिमिटेड कंपनी का मतलब क्या है? इसके बावजूद उन्होंने गाँव में स्थापित की गई साख के चलते कंपनी के शेयरों में निवेश किया। उन्होंने शेयरों में अच्छा-खासा निवेश किया था, जबकि ग्रामीणों को इसकी बहुत कम जानकारी थी कि वे इन शेयरों के जरिए क्या कर सकते हैं, लेकिन वे सभी प्रेमजी के साथ अच्छा संबंध रखते थे। समय के साथ, एम.एच. प्रेमजी भारत में एक प्रसिद्ध और लोकप्रिय व्यक्ति बन गए थे और वे उन चुनिंदा मुसलमानों में से एक थे, जिनकी अत्यधिक प्रशंसा की जाती थी।

देश 1947 में एक बहुत बड़ी क्रांति का साक्षी बनने जा रहा था, जब देश को दो भागों, भारत और पाकिस्तान में विभाजित कर दिया गया। उस समय, सांप्रदायिक माहौल बहुत अधिक तनावपूर्ण हो गया था, जिसके चलते बड़ी संख्या में लोगों को सीमा के आर-पार पलायन करना पड़ा।

देश 1947 में एक बहुत बड़ी क्रांति का साक्षी बनने जा रहा था, जब देश को दो भागों, भारत और पाकिस्तान में विभाजित कर दिया गया। उस समय, सांप्रदायिक माहौल बहुत अधिक तनावपूर्ण हो गया था, जिसके चलते बड़ी संख्या में लोगों को सीमा के आर-पार पलायन करना पड़ा। उन प्रतिकूल परिस्थितियों में, मोहम्मद अली जिन्ना ने व्यक्तिगत रूप से एम.एच. प्रेमजी को पाकिस्तान में आकर रहने का प्रस्ताव भिजवाया। जिन्ना चाहते

थे कि प्रेमजी को नए बनाए गए देश के वित्तमंत्री के रूप में नियुक्त किया जाए, हालाँकि एम.एच. प्रेमजी के मन में भारत के प्रति गहरा प्रेम था और वे आनेवाले समय में पाकिस्तान के सामने आनेवाली समस्याओं का अंदाजा लगाने में सफल रहे थे, क्योंकि इसका निर्माण पूर्णत: धर्म के आधार पर किया गया था। इसलिए उन्होंने, जिन्ना का यह न्योता सम्मान के साथ ठुकरा दिया।

समय के साथ कंपनी ने अन्य विविध हाइड्रोजनीकृत उत्पादों में अपना हाथ आजमाना प्रारंभ किया, इसलिए 'वनस्पति' शब्द को कंपनी के नाम से हटा दिया गया और इस प्रकार यह 'वेस्टर्न इंडियन प्रोडक्ट्स लिमिटेड' हो गया।

समय के साथ कंपनी ने अन्य विविध हाइड्रोजनीकृत उत्पादों में अपना हाथ आजमाना प्रारंभ किया, इसलिए 'वनस्पति' शब्द को कंपनी के नाम से हटा दिया गया और इस प्रकार यह 'वेस्टर्न इंडियन प्रोडक्ट्स लिमिटेड' हो गया।

कारखाने का संचालन अमलनेर में होता था, जबकि व्यवसाय का मुख्यालय बंबई (अब मुंबई) में स्थित था और एम.एच. प्रेमजी अपनी पत्नी और चार बच्चों के पूरे परिवार के साथ वहीं पर रहते थे। उनकी पत्नी, गुलबानो प्रेमजी, उन चुनिंदा महिलाओं में से एक थीं, जिन्होंने उस प्रारंभिक दौर में चिकित्साशास्त्र का अध्ययन किया था, हालाँकि उन्होंने कभी एक चिकित्सक के रूप में अपनी सेवाएँ नहीं दीं, क्योंकि उन्हें अपने पारिवारिक दायित्वों के बीच शायद ही कभी समय मिलता था, क्योंकि एम.एच. प्रेमजी अपने बढ़ते हुए व्यापार के चलते अकसर घर से बाहर ही रहते थे। निश्चित ही, वे परोपकार की भावना के चलते अकसर अपना समय बीमार बच्चों की देखभाल में जरूर लगातीं और आनेवाले दिनों में, अजीम को उनके नक्शेकदम पर चलना था, वो भी काफी बड़े पैमाने पर। 24 जुलाई, 1945 को जनमे अजीम चार बच्चों में सबसे छोटे थे। उनका जन्म कंपनी की स्थापना से कुछ महीने पहले ही हुआ था। उनके माता-पिता ने शुरुआत से ही उनपर

स्नेह की असीम वर्षा की थी।

हालाँकि परिवार संपन्न और अमीर था, लेकिन एम.एच. प्रेमजी और उनकी पत्नी का विशेष रूप से यह मानना था कि विलासितापूर्ण जीवन को बच्चों के उचित विकास की राह में बाधा नहीं बनने देना चाहिए, इसलिए उन्होंने उनका लालन-पालन बिल्कुल इस प्रकार से किया, जैसे वे किसी मध्यमवर्गीय परिवार से ताल्लुक रखते हों। इसके अलावा बच्चों को यह अहसास दिलवाने का भी गंभीर प्रयास किया गया कि कड़ी मेहनत का क्या मतलब है और जीवन में संतोष के साथ-साथ प्रगति से कैसे जुड़ी हुई है। इसके अलावा उन्हें धन को उचित कारणों में उपयोग करने और स्वयं को किसी भी अपव्यय को करने से रोकने के गुण भी सिखाए गए थे। बच्चों के मस्तिष्क में रोपे गए नेकी के बीज आनेवाले समय में परिपक्व वृक्षों में बदल गए।

अजीम प्रेमजी की स्कूली शिक्षा मुंबई के सेंट मैरी स्कूल में हुई। इस विद्यालय में समाज के विभिन्न वर्गों से संबंधित बच्चे शिक्षा प्राप्त करते थे, इसलिए प्रेमजी को उन सभी के साथ निकट संपर्क में आने का अवसर मिला, जिनमें गरीब और वंचित परिवारों के बच्चे भी शामिल थे।

अजीम प्रेमजी की स्कूली शिक्षा मुंबई के सेंट मैरी स्कूल में हुई। इस विद्यालय में समाज के विभिन्न वर्गों से संबंधित बच्चे शिक्षा प्राप्त करते थे, इसलिए प्रेमजी को उन सभी के साथ निकट संपर्क में आने का अवसर मिला, जिनमें गरीब और वंचित परिवारों के बच्चे भी शामिल थे। इसके अलावा विद्यालय को सदाचारी और परिश्रमी शिक्षकों का आशीर्वाद भी मिला, जिन्होंने प्रत्येक छात्र पर व्यक्तिगत रूप से ध्यान दिया। स्कूल और घर पर ऐसे कुलीन वातावरण में बढ़ते हुए अजीम ने अपने अंदर उन तमाम अच्छे गुणों को विकसित कर लिया, जो एक बच्चे को अपने स्कूल के दिनों में सीख लेने चाहिए। इन गुणों ने उनके चरित्र और शारीरिक क्षमताओं को प्रभावित किया और उन्हें एक दयालु व्यक्ति बना दिया। इसके अलावा वे मेहनती

भी थे और खेलों में भी रुचि प्रदर्शित करते थे, जो अच्छे गुणों को मन में विकसित करने का एक महत्त्वपूर्ण स्रोत है। एक शिक्षक का सबसे महत्त्वपूर्ण कार्य एक छात्र में सकारात्मक और नकारात्मक लक्षणों की पहचान करना है और तदनुसार नकारात्मक गुणों को सकारात्मक परिणामों की ओर मोड़ना है, ताकि एक व्यक्तित्व जीवन में बेहतर चीजों के लिए समृद्ध और परिष्कृत हो सके। ऐसा सिर्फ उनके शिक्षकों के महत्त्वपूर्ण प्रभाव के चलते ही था, जो अजीम ने अपने आनेवाले दिनों में कहा, "मेरे तमाम शिक्षकों की प्रवृत्ति बेहद उत्कृष्ट थी। उनके मार्गदर्शन में अध्ययन करना एक वरदान की तरह था।"

अजीम ने अपने शिक्षकों की काफी प्रशंसा की है, लेकिन वे अपने स्कूल के दिनों में कोई बहुत होनहार छात्र नहीं थे। उनका पढ़ाई की ओर अधिक ध्यान नहीं था और वे परीक्षाओं और इम्तिहान में बहुत सारी गलतियाँ करते थे। वे एक ऐसे अतिसक्रिय छात्र थे, जिसने अपनी अधिकांश ऊर्जा छोटे-छोटे शरारती कामों में लगाई और इनमें से कई के चलते उन्हें शारीरिक दंड का भागी भी बनना पड़ा। अजीम याद करते हैं कि उन्हें अपनी गलतियों और शरारतों के लिए अपने घुटनों के बल खड़ा होना पड़ा और कुछ मौकों पर तो उन्हें अपने बुरे व्यवहार के चलते कक्षा से बाहर खड़े होने के लिए भी कहा गया। वे स्कूल को इस हद तक नापसंद करते थे कि अकसर प्रार्थना करते थे कि इतनी अधिक बारिश आ जाए, जिससे स्कूल में बाढ़ आ जाए; वे इतने निष्कपट थे कि उन्हें इस बात का अंदाजा भी नहीं था कि वही बाढ़ उनके अपने घर को भी डुबो सकती है।

अजीम ने अपने शिक्षकों की काफी प्रशंसा की है, लेकिन वे अपने स्कूल के दिनों में कोई बहुत होनहार छात्र नहीं थे। उनका पढ़ाई की ओर अधिक ध्यान नहीं था और वे परीक्षाओं और इम्तिहान में बहुत सारी गलतियाँ करते थे।

हालाँकि शरारतों का यह दौर लंबे समय तक नहीं चला। वे जैसे-जैसे बड़े हुए, उन्हें पढ़ाई-लिखाई का महत्त्व समझ में आ गया और वे अपनी

शिक्षा के प्रति गंभीर हो गए। इसके अलावा उनके आचरण में भी एक वृहद् परिवर्तन आया और वे सौम्य और धैर्यवान हो गए, जो दूसरों का अवलोकन कर रहे थे और ज्ञान के शब्दों के लिए उनकी ओर देख रहे थे।

यह उनके जीवन का वो मौका था, जब उनके मन में पर्यटन के प्रति रुचि पैदा हुई; और वे अकसर अपने साथियों के साथ प्राकृतिक स्थानों पर जाते थे। उन्हें मुंबई के निकट स्थित महाबलेश्वर की यात्रा करना काफी पसंद था और वे अकसर वहाँ जाते रहते थे। वे किसी प्राकृतिक स्थल की यात्रा के दौरान लंबी दूरी तक पैदल चलना पसंद करते थे। उनकी यह आदत एक बार फिर बुढ़ापे में वापस लौट आई है, जब उन्हें जंगल की सैर करना पसंद आ गया है और मई 2019 में जंगल की एक ऐसी यात्रा के दौरान ही वो एक बड़ी चट्टान से नीचे गिर गए और गंभीर रूप से घायल हो गए और उन्हें दोबारा स्वस्थ होने में कुछ महीनों का समय लगा।

पर्यटन में अजीम की रुचि बढ़ती जा रही थी। वे जितनी अधिक जगहों की यात्रा करते, उनके मन में उतना ही अधिक देखने की इच्छा प्रबल होती, अब वे बांद्रा में या फिर जुहू के समुद्र तट पर अपना खाली समय बिताना पसंद करते। खेलों में उनकी रुचि बनी रही, क्योंकि उन्होंने इसे अपनी सकारात्मक प्रवृत्तियों को बढ़ावा देनेवाला पाया।

पर्यटन में अजीम की रुचि बढ़ती जा रही थी। वे जितनी अधिक जगहों की यात्रा करते, उनके मन में उतना ही अधिक देखने की इच्छा प्रबल होती, अब वे बांद्रा में या फिर जुहू के समुद्र तट पर अपना खाली समय बिताना पसंद करते। खेलों में उनकी रुचि बनी रही, क्योंकि उन्होंने इसे अपनी सकारात्मक प्रवृत्तियों को बढ़ावा देनेवाला पाया।

स्कूली शिक्षा के बाद अजीम का दाखिला सेंट जेवियर कॉलेज में करवा दिया गया और उन्होंने स्नातक की पढ़ाई के लिए विज्ञान के क्षेत्र का चुनाव किया। इस दौरान खेलों के प्रति उनकी रुचि चरम पर पहुँच गई और उन्हें

क्रिकेट के मैचों में भाग लेना पसंद था। इसके अलावा उन्हें कई बार अकेले गेंदबाजी का अभ्यास करते हुए भी देखा जा सकता था। वे अच्छी गेंदबाजी करते थे और एक सक्रिय क्षेत्ररक्षक भी थे।

सभी पिताओं की तरह, एम.एच. प्रेमजी चाहते थे कि अजीम इंजीनियरिंग की पढ़ाई करें और इसलिए उन्होंने उन्हें उच्च शिक्षा के लिए स्टैनफोर्ड विश्वविद्यालय में दाखिला लेने का प्रयास करने के लिए प्रेरित किया। उन्होंने ऐसा इसलिए किया, ताकि आनेवाले समय में युवा अजीम को विप्रो की कमान सँभालने के लिए तैयार किया जा सके और इस प्रकार अजीम संयुक्त राज्य अमेरिका के कैलिफोर्निया पहुँच गए। वे अपने इंजीनियरिंग के वर्षों के दौरान भी एक उदासीन छात्र ही बने रहे। उन्होंने स्वीकार किया—"मेरी रुचि इंजीनियरिंग की पढ़ाई करने में बिल्कुल भी नहीं थी। मेरे पास निधारित किए गए पाठ्यक्रम को पढ़ने के अलावा और कोई विकल्प मौजूद नहीं था, हालाँकि मैं ऐसा बिल्कुल भी नहीं करना चाहता था। यही वजह है कि मैं कभी भी एक अच्छा इंजीनियर नहीं बन पाया।"

अजीम कभी भी विदेश में बसना नहीं चाहते थे और वे लगातार जल्द-से-जल्द घर वापस लौटने की इच्छा को पालते रहे। उन्होंने वास्तव में कभी भी अपने भविष्य को लेकर कोई योजना तैयार नहीं की। वे अमेरिका में सिर्फ इसलिए थे, क्योंकि उनके पिता ऐसा चाहते थे, नहीं तो वे इंजीनियरिंग या फिर उच्च शिक्षा प्राप्त करने के बिल्कुल भी इच्छुक नहीं थे।

अजीम कभी भी विदेश में बसना नहीं चाहते थे और वे लगातार जल्द-से-जल्द घर वापस लौटने की इच्छा को पालते रहे। उन्होंने वास्तव में कभी भी अपने भविष्य को लेकर कोई योजना तैयार नहीं की। वे अमेरिका में सिर्फ इसलिए थे, क्योंकि उनके पिता ऐसा चाहते थे, नहीं तो वे इंजीनियरिंग या फिर उच्च शिक्षा प्राप्त करने के बिल्कुल भी इच्छुक नहीं थे। उन्होंने इस अवसर को पर्यटन के एक अन्य मौके की

तरह स्वीकार किया, जिसमें उन्हें एक दूसरे देश की यात्रा पर जाने का मौका मिला था, हालाँकि वे अपने पिता को नाराज भी नहीं करना चाहते थे, जो उनसे बहुत सी उम्मीदें लगाए बैठे थे। अपनी प्रारंभिक बेपरवाही के चलते, वे पढ़ाई में अपने अन्य साथियों के मुकाबले काफी पीछे रह गए और उन्हें इसकी पूर्ति करने की आवश्यकता थी। उन्हें अपने प्रोफेसरों और पाठ्यक्रम के साथियों के साथ चर्चा करते हुए अपना पाठ्यक्रम पूरा करना आवश्यक था और उन्हें पुस्तकालय और अन्य जगहों पर पर्याप्त पुस्तकों की तलाश भी करनी थी। इसके लिए यह भी आवश्यक था कि वे नियमित रूप से कक्षाओं में भाग लें। इस प्रकार उन्होंने खुद को कड़ी मेहनत के जरिए अपडेट करना शुरू किया। उन्होंने एक साक्षात्कार में कहा, "मैंने स्टैनफोर्ड में कड़ी मेहनत तो की ही, साथ-ही-साथ मैंने वहाँ पढ़ाई करने के अलावा काफी हद तक आनंद भी लिया।" वहाँ रहने के दौरान कार चलाना उन्हें सबसे अधिक पसंद था।

स्टैनफोर्ड में अजीम प्रेमजी को जो बात सबसे अच्छी लगी, वो यह थी कि वे वहाँ पर विभिन्न पृष्ठभूमियों से आनेवाले छात्रों के साथ बातचीत कर सकते थे और इसके चलते, उन्हें विविध संस्कृतियों और समुदायों से बहुत कुछ सीखने का मौका मिला। इसके अलावा वे संस्थान द्वारा उपलब्ध करवाए गए रचनात्मक अवसरों को देखकर भी स्तब्ध थे।

स्टैनफोर्ड में अजीम प्रेमजी को जो बात सबसे अच्छी लगी, वो यह थी कि वे वहाँ पर विभिन्न पृष्ठभूमियों से आनेवाले छात्रों के साथ बातचीत कर सकते थे और इसके चलते, उन्हें विविध संस्कृतियों और समुदायों से बहुत कुछ सीखने का मौका मिला। इसके अलावा वे संस्थान द्वारा उपलब्ध करवाए गए रचनात्मक अवसरों को देखकर भी स्तब्ध थे।

अपने पाठ्यक्रम को जल्द-से-जल्द पूरा करने की इच्छा के साथ, अब उन्होंने इंजीनियरिंग को अच्छे अंकों के साथ उत्तीर्ण करने के लिए गंभीरता

से पढ़ाई करनी प्रारंभ कर दी, क्योंकि उनके मन में कहीं-न-कहीं जल्द-से-जल्द घर वापस पहुँचने की प्रबल इच्छा भी हिलोरें मार रही थी और घर वापस लौटने का मौका उनकी सोच से कहीं जल्द आ गया, लेकिन उन्होंने यह कभी नहीं सोचा था कि वो एक ऐसे नकारात्मक तरीके से आ सकता है!

1966 में, अजीम प्रेमजी को अपने पिता के निधन की खबर मिली। उन्होंने तुरंत अपनी पढ़ाई छोड़ दी और अपने पिता द्वारा स्थापित कंपनी की कमान सँभालने के लिए भारत वापस लौट आए। वे अब स्टैनफोर्ड यूनिवर्सिटी वापस नहीं जाना चाहते थे। उन्हें कंपनी में काम करना काफी दिलचस्प और चुनौतीपूर्ण लगा, इसलिए उन्होंने इसमें अपनी दिलचस्पी पैदा की।

1966 में, अजीम प्रेमजी को अपने पिता के निधन की खबर मिली। उन्होंने तुरंत अपनी पढ़ाई छोड़ दी और अपने पिता द्वारा स्थापित कंपनी की कमान सँभालने के लिए भारत वापस लौट आए। वे अब स्टैनफोर्ड यूनिवर्सिटी वापस नहीं जाना चाहते थे। उन्हें कंपनी में काम करना काफी दिलचस्प और चुनौतीपूर्ण लगा, इसलिए उन्होंने इसमें अपनी दिलचस्पी पैदा की।

हालाँकि, शुरुआत में वे इस बात को लेकर काफी उलझन में थे कि क्या वे कंपनी की कमान सँभालने के साथ अपने कंधों पर आनेवाली बड़ी जिम्मेदारी के साथ न्याय कर पाने में सफल होंगे भी या नहीं? उनके पिता की इच्छा थी कि अजीम कंपनी की कमान अपने हाथों में लें। उनके पिता के निधन के बाद, उनकी माँ गुलबानो, कंपनी के मामलों की देखभाल कर रही थीं। उन्होंने अजीम को उनके पिता की इच्छा की जानकारी दी। वास्तव में, उनके पास अजीम को ऐसा करने के लिए प्रेरित करने के अलावा और कोई रास्ता भी नहीं था, क्योंकि उनका बड़ा बेटा, फिरोज, पाकिस्तान चला गया था और उनके पास कंपनी की कमान सँभालने के लिए अजीम के अलावा और कोई विकल्प भी मौजूद नहीं था।

यह वो समय था, जब अजीम को जीवन को गंभीरता से लेने पर मजबूर होना पड़ा, क्योंकि वे अपने दिवंगत पिता की इच्छा को एक नए अंदाज में पूरा करना चाहते थे। उस समय तो यह एक भावनात्मक फैसला था, लेकिन वे उसे एक मजबूत आधार के साथ पूरा करना चाहते थे। उन्होंने संकल्प लिया कि वे अपने पास मौजूद तमाम क्षमताओं का उपयोग करते हुए इस जिम्मेदारी को सँभालेंगे और कंपनी को उच्च मानकों तक पहुँचाएँगे। इसके अलावा उनके मन में कहीं-न-कहीं यह डर भी छिपा बैठा था कि पढ़ाई के प्रति उनकी उदासीनता के चलते कंपनी किसी तीसरे व्यक्ति के हाथों में भी सौंपी जा सकती है, जो या तो उसे बना सकता है या फिर उसे बरबाद भी कर सकता है। अजीम यह बात अच्छे से जानते थे कि कंपनी द्वारा अच्छा प्रदर्शन न किए जाने की सूरत में वे खुद को माफ नहीं कर पाएँगे। वे अब एक पूर्ण रूप से जिम्मेदार व्यक्ति बन चुके थे, हालाँकि मस्तिष्क और शरीर से वे अभी भी युवा थे। अब इसे उचित कहें या फिर भावनात्मक, उन्होंने उच्च जिम्मेदारी के लिए अपनी आवाज को उठाना शुरू कर दिया। इस संकल्प से पीछे हटने का कोई सवाल ही नहीं था।

अजीम ने सही तरीके से कंपनी के साथ काम करना प्रारंभ किया। उन्होंने कंपनी के अध्यक्ष के रूप से कार्यभार सँभाला और इसी क्षमता में पहली बार अमलनेर स्थित कारखाने का दौरा किया। उसमें कदम रखते ही, वे ऐसी उलझन में फँस गए, जैसे उन्हें किस दिशा में आगे बढ़ना है, इसकी जानकारी के बिना एक जंगली, घने, अँधेरे जंगल में छोड़ दिया गया हो! उनके लिए यह सब एक पहेली जैसा था।

अजीम ने सही तरीके से कंपनी के साथ काम करना प्रारंभ किया। उन्होंने कंपनी के अध्यक्ष के रूप से कार्यभार सँभाला और इसी क्षमता में पहली बार अमलनेर स्थित कारखाने का दौरा किया। उसमें कदम रखते ही, वे ऐसी उलझन में फँस गए, जैसे उन्हें किस दिशा में आगे बढ़ना है, इसकी जानकारी

के बिना एक जंगली, घने, अँधेरे जंगल में छोड़ दिया गया हो! उनके लिए यह सब एक पहेली जैसा था। कारखाना खासा बड़ा था, जिसमें बड़ी संख्या में शोर करती मशीनें मौजूद थीं और विभिन्न प्रकार के उत्पादों का उत्पादन किया जा रहा था। बड़ी संख्या में श्रमिक विनिर्माण, पैकिंग और डिलीवरी के लिए माल को वैगनों में चढ़ाने के काम में लगे हुए थे। वे इस बात को लेकर बिल्कुल भी निश्चिंत नहीं थे कि क्या वे ऐसी विभिन्न गतिविधियों से निबट पाने में सक्षम भी होंगे या नहीं, जिनके बारे में उन्हें बेहद कम जानकारी है? लेकिन यह सब अब उनके जीवन का एक हिस्सा बनने जा रहा था और उन्हें इस सबको काफी बारीकी से जानना और सीखना था, ताकि वे कंपनी को अगले स्तर तक विकसित कर सकें।

कंपनी के माहौल को समझने में उनकी माँ गुलबानो काफी सहायक साबित हुईं। उन्होंने प्रारंभ में तो उनका मार्गदर्शन किया और उन्हें कई ऐसे बुनियादी नियमों और सिद्धांतों से अवगत करवाया, जिन्हें कंपनी को और खुद को प्रगति की राह पर बनाए रखने के लिए अपनाना बेहद आवश्यक था।

कंपनी के माहौल को समझने में उनकी माँ गुलबानो काफी सहायक साबित हुईं। उन्होंने प्रारंभ में तो उनका मार्गदर्शन किया और उन्हें कई ऐसे बुनियादी नियमों और सिद्धांतों से अवगत करवाया, जिन्हें कंपनी को और खुद को प्रगति की राह पर बनाए रखने के लिए अपनाना बेहद आवश्यक था। अजीम द्वारा अपनी माँ से प्राप्त की गई सलाह के कुछ अंशों में निम्नलिखित शामिल थे और मेरा ऐसा मानना है कि यह प्रत्येक व्यक्ति के लिए ज्ञान के मोती की तरह हैं, इसलिए मैं आपको भी इनके बारे में बताता हूँ—

- अपने विश्वास पर विश्वास करें, जब आप किसी चीज पर विश्वास करते हैं तो यह मत सोचिए कि दूसरे क्या सोचते हैं या कहते हैं! अपने विश्वास से कभी भी पीछे न हटें और न ही शरमाएँ; उसका

पालन करें।

- अपनी बात पर कायम रहें। चाहे वो व्यापार हो या फिर व्यक्तिगत मामले, अपने वादों को किसी भी कीमत पर पूरा करें, अगर आप अपने खुद के शब्दों का सम्मान करना नहीं जानते हैं तो कोई और भी ऐसा नहीं करेगा।
- अगर आपको किसी का एक भी रुपया चुकाना है, तो उसे नियत समय पर चुकाएँ। अगर किसी भी कारण के चलते आपके पास देनेवाली राशि में कुछ कमी है तो कम-से-कम आंशिक राशि का भुगतान अवश्य करें; और कभी भी ऋण को लंबे समय तक न रोके रहें।

अगर आपको किसी का एक भी रुपया चुकाना है, तो उसे नियत समय पर चुकाएँ। अगर किसी भी कारण के चलते आपके पास देनेवाली राशि में कुछ कमी है तो कम-से-कम आंशिक राशि का भुगतान अवश्य करें; और कभी भी ऋण को लंबे समय तक न रोके रहें।

हालाँकि यह उनकी माँ द्वारा उन्हें दिए गए ज्ञान के पारंपरिक और सामान्य शब्द थे, फिर भी अजीम को इस बात का अहसास हुआ कि इन शब्दों के पीछे एक बड़ी सफलता छिपी हुई है। उन्होंने अपने आप से वादा किया कि उन्हें अपना व्यवसाय पारदर्शी और ईमानदार तरीके से करना होगा। वे यह बात अच्छे से जानते थे कि अनैतिक तरीकों के जरिए पैसा कमाने के मुकाबले व्यवसाय को छोड़ देना या फिर बेरोजगार रहना अधिक बेहतर रहेगा। उन्होंने महसूस किया कि सफलता का कोई छोटा रास्ता नहीं होता है और इसे उचित तरीके से ही पाया जा सकता है। ऐसा सिर्फ इन्हीं मूल्यों की वजह से संभव हुआ कि अजीम जीवित रहने और व्यापार करने के उच्चतम सिद्धांतों का पालन करते हुए अपने व्यवसाय को आगे बढ़ाने में कामयाब रहे हैं।

अजीम ने जब खुद को व्यापार में पाया, तो वे एक ऐसे व्यक्ति की

तरह थे, जिसे तैरना नहीं आता था, लेकिन फिर भी वो पानी से भरे एक ऐसे समुद्र में थे और क्षितिज पर एक बड़े तूफान का सामना कर रहे थे। उनके पास तैरना सीखने के लिए अपने हाथों और पैरों को इधर-उधर फेंकने के अलावा और कोई रास्ता नहीं था और उन्होंने इस काम को बखूबी पूरा कर दिखाया। उन्होंने अपनी माँ की उस सलाह का पूरी तरह पालन किया कि नकारात्मक बातों के विषय में बात करनेवाले लोगों को सुनना बिल्कुल व्यर्थ है। उन्हें खुद इस सलाह का भी सामना करना पड़ा कि व्यवसाय उनके वश की बात नहीं है।

अजीम ने कड़ी मेहनत करना और चीजों को सीखना निर्धारित किया। उन्होंने बेहद बारीकी से चीजों का अवलोकन किया। उन्होंने अपने काम के घंटों को सीमित नहीं किया; वे चौबीसों घंटे काम करने के लिए उपलब्ध थे और उन्हें इसका फायदा भी मिला। उन्होंने समय के साथ कंपनी को बेकरी फैट, सांस्कृतिक घटक-आधारित प्रसाधन, बालों की साबुन, शिशु प्रसाधन, प्रकाया से जुड़े उत्पादों और हाइड्रोलिक सिलेंडरों जैसे उत्पादों में विविधता प्रदान की। वे कंपनी की कमान सँभालने के तुरंत बाद विस्तार के ध्येय पर थे।

□

लक्ष्य को तलाशना

मात्र 21 वर्ष के युवा अजीम प्रेमजी का इतनी बड़ी कंपनी का अध्यक्ष बनना कोई साधारण घटना नहीं थी। वे खुद को लेकर अनिश्चित थे कि क्या वे कंपनी के जटिल मामलों का प्रबंधन ठीक तरीके से कर भी पाएँगे या नहीं? उनके कंपनी का नियंत्रण अपने हाथों में ले लेने से कई लोगों ने राहत की साँस ली, जबकि कई ऐसे भी लोग थे, जो इस बात को लेकर आशंकित थे कि क्या यह नौसिखिया विरासत में जो पा रहा है, उसे सँभाल भी पाएगा या नहीं, उसकी बेहतरी की बात तो अलग ही छोड़ दी जाए! उन निवेशकों ने अपने शेयर बेचने का फैसला किया, जो चिंतित थे, जबकि कुछ ने इसे एक ऐसे मौके के रूप में देखा, जिसका वे फायदा उठा सकते थे। विशेष रूप से एक निवेशक, जिसके पास शेयर बाजार में एक बड़ा पोर्टफोलियो था, के पास सोचने के लिए और भी बहुत कुछ था। वो कंपनी पर कुछ नियंत्रण पाना चाहता था, हालाँकि वो एक अधिवक्ता था, लेकिन शेयर बाजार से होनेवाली आय उनकी आमदनी का एक बड़ा हिस्सा होती थी। इसके अलावा उसके काम का तरीका उसे अन्य निवेशकों से अलग बनाता था। उसने शेयरों की कीमतों में इजाफा होने पर अपना लाभ नहीं लिया, बल्कि उसने कंपनी के मामलों पर पैनी नजर बनाए रखी। वो कंपनी में पाए जानेवाली किसी भी कमी को अपने लाभ के लिए इस्तेमाल करता।

इस खास निवेशक ने अजीम प्रेमजी की कंपनी में भी एक बड़ी रकम का निवेश कर रखा था और जब इस युवा ने कंपनी का कार्यभार सँभाला, तो वो ऐसी परिस्थिति की तलाश में था, जिसका नतीजा उसके वित्तीय फायदे के रूप में हो सकता था। चूँकि वो एक बड़ा निवेशक था, इसलिए उसके पास बोर्ड की बैठकों में भाग लेने और निदेशकों से सवाल पूछने का अवसर मिलता था और अब अवसर उसके दरवाजे पर दस्तक दे चुका था और वो किसी भी कीमत पर इसे हाथों से जाने नहीं देना चाहता था। उन्होंने कंपनी के कामकाज को लेकर जिस बात पर आपत्ति उठाई थी, वो यह थी कि अजीम प्रेमजी सिर्फ कंपनी के पूर्व अध्यक्ष के बेटे होने के चलते ही कंपनी के अध्यक्ष बने हैं और उनके पास इस पद को पाने के लिए कोई ठोस पात्रता नहीं है। उनके पास किसी भी तरह का कोई अनुभव नहीं था और न ही उनके पास कोई ऐसा प्रमाण-पत्र था, जो यह साबित कर सके कि वे एक सक्षम प्रबंधक हैं। यह इसके लिए और अन्य निवेशकों के लिए अगली बोर्ड बैठक में सवाल उठाने के लिए बिल्कुल पर्याप्त था। ऐसा सोचा गया था कि अजीम भारी दबाव में आ जाएँगे और मैदान छोड़ देंगे, ताकि यह चुनिंदा निवेशक मौके का अनुचित लाभ उठा सकें।

इस खास निवेशक ने अजीम प्रेमजी की कंपनी में भी एक बड़ी रकम का निवेश कर रखा था और जब युवा इस ने कंपनी का कार्यभार सँभाला, तो वो ऐसी परिस्थिति की तलाश में था, जिसका नतीजा उसके वित्तीय फायदे के रूप में हो सकता था।

हालाँकि, अजीम के साथ मामला बिल्कुल ही जुदा था। वे यही सवाल खुद से भी पूछ रहे थे और फिर उन्होंने ठान लिया कि उन्हें खुद को योग्य साबित करना ही होगा। 21 वर्षीय युवा मस्तिष्क अब उस दुनिया को अपने आगोश में लेने को तैयार था, जिसमें उसने खुद को पाया था। उन्होंने फैसला किया कि वे सभी हदों में काम करेंगे और इस बात का पूरा प्रयास करेंगे कि कंपनी न सिर्फ अच्छे से संचालित होती रहे, बल्कि समय के साथ बेहतर

भी हो। उन्हें इस बात का अहसास भी हुआ कि उन्हें ऐसे नकारात्मक लोगों से बिल्कुल भी डरना नहीं चाहिए, क्योंकि कंपनी के अधिकांश शेयर परिवार के सदस्यों के पास ही थे, इसलिए कैसी भी अनुचित माँगों को आसानी से खारिज किया जा सकता था। इस मौके पर आत्मविश्वास पाते हुए, अजीम अब बिल्कुल सकारात्मक मनोदशा के साथ चुनौती का सामना करने को बिल्कुल तैयार थे। वे इस बात को बखूबी जानते थे कि अगर वे इस समय किसी भी व्यक्ति के सामने झुकते हैं तो उन्हें आनेवाले समय में विभिन्न लोगों द्वारा मौके-बेमौके की जानेवाली माँगों के सामने भी झुकना ही होगा। उन्होंने फैसला किया कि अगर ऐसे निवेशक किसी प्रकार की बाधा डालने का प्रयास करते हैं तो वे अपने परिवार के सदस्यों के पास मौजूद शेयरों के दम पर उन्हें आसानी से खारिज कर सकते हैं।

बिल्कुल प्रारंभ से ही, अजीम के दिमाग में यह बात बिल्कुल स्पष्ट थी कि वे किसी भी तरफ से पड़नेवाले कैसे भी दबाव के आगे झुकेंगे नहीं और न ही वे रिश्वत, भ्रष्टाचार या जालसाजी से जुड़े किसी भी मामले में कोई समझौता नहीं करनेवाले हैं।

बिल्कुल प्रारंभ से ही, अजीम के दिमाग में यह बात बिल्कुल स्पष्ट थी कि वे किसी भी तरफ से पड़नेवाले कैसे भी दबाव के आगे झुकेंगे नहीं और न ही वे रिश्वत, भ्रष्टाचार या जालसाजी से जुड़े किसी भी मामले में कोई समझौता नहीं करनेवाले हैं।

अजीम ने तय कर लिया था कि वे अपनी अध्यक्षता के खिलाफ आवाज उठानेवाले निवेशकों के प्रति विनम्र बने रहेंगे; उन्होंने दुनिया के सामने यह साबित करने का संकल्प लिया था कि वे एक प्रभावी अगुआ के रूप में उभरने के लिए ही बने हैं। उन्हें इस बात से भी जरा भी एतराज नहीं था कि उनकी काबिलियत पर संदेह प्रकट किया जा रहा है। उन्होंने खुलेआम कहा, "मैं इस क्षेत्र में नौसिखिया हो सकता हूँ, हो सकता है कि मेरे पास अनुभव न हो, लेकिन फिर भी किसी-न-किसी को तो बिल्कुल नई शुरुआत करनी

ही होगी। जहाँ तक सफलतापूर्वक कंपनी का नेतृत्व करने का सवाल है, मैं कंपनी पर स्थायी छाप छोड़ने में कोई कसर नहीं छोड़ूँगा।"

उन्होंने मन-ही-मन खुद से कहा, "मैं अभी इस कंपनी का संचालन करने में सक्षम हो सकता हूँ और नहीं भी, लेकिन चूँकि मेरी क्षमताओं पर संदेह किया गया है, मुझे दुनिया को यह दिखाना होगा कि मैं एक सफल अगुआ हूँ; और इसके लिए, जो कुछ भी संभव होगा, मैं वो करूँगा।"

कुछ निवेशकों ने अजीम की अक्षमता और अपरिपक्वता को लेकर सार्वजनिक रूप से बोलना जारी रखा, लेकिन ऐसे लोग भी थे, जिनको उन्हें परिवार से प्राप्त विलक्षताओं पर पूरा भरोसा था। कंपनी को स्वेच्छा से छोड़ देना कोई समाधान नहीं था; यह चुनौतियों का सामना करने के मुकाबले उनसे दूर भागने जैसा होता।

कुछ निवेशकों ने अजीम की अक्षमता और अपरिपक्वता को लेकर सार्वजनिक रूप से बोलना जारी रखा, लेकिन ऐसे लोग भी थे, जिनको उन्हें परिवार से प्राप्त विलक्षताओं पर पूरा भरोसा था। कंपनी को स्वेच्छा से छोड़ देना कोई समाधान नहीं था; यह चुनौतियों का सामना करने के मुकाबले उनसे दूर भागने जैसा होता।

लोगों द्वारा एक युवा में व्यक्त किए गए भरोसे ने अजीम को जरा भी आत्मसंतुष्ट नहीं बनाया; वे पूरे साहस के साथ सभी चुनौतियों का सामना करने और एक विजेता बनने के लिए बिल्कुल दृढ़निश्चयी थे और पहला कदम था, अपने सामर्थ्य में इजाफा करना और अधिक क्षमताओं व कौशल को सीखना और उनके आधार पर, अज्ञानता के अँधेरे से बाहर निकलना और व्यावसायिक क्षितिज पर चमकना।

उनके विरोधियों को कभी भी इस बात का अहसास तक नहीं हुआ कि पद को त्यागने के बजाय, यह आरोप इतने असरदार साबित होंगे कि एक युवा खुद को साबित करने के लिए जमीन-आसमान एक कर देगा! उन्होंने

उसी बोर्ड बैठक में इन शब्दों के जरिए अपने संकल्प को प्रदर्शित किया था, "मैं आपके विरोध को स्वीकार करता हूँ, हालाँकि मैं बोलने के बजाय कुछ करके इसका जवाब देना पसंद करूँगा। इस जिम्मेदारी से मुँह मोड़ने का सवाल ही नहीं उठता है, अब मेरा पूरा अस्तित्व सिर्फ इसी उद्देश्य के लिए है।"

और अब अजीम ने योजना तैयार की कि वे कैसे एक विजेता बनकर उभर सकते हैं! ऐसे में उनकी माँ की सलाह काम आई, 'दुनिया को ध्यान से देखो।' वो इस सलाह से पूरी तरह सहमत थे कि उन्हें नंबर गेम में खुद को शामिल करने की जरूरत है। उन्होंने तुरंत इस खेल को खेलना शुरू कर दिया। आइए, जानते हैं कैसे?

□

नंबर गेम

अजीम के पिता एम.एच. प्रेमजी के मन में हमेशा यह बात थी कि एक दिन अजीम ही कंपनी को सँभालेंगे; हालाँकि, उन्होंने अपने जीवन में कभी इस बारे में बात नहीं की, क्योंकि उनका एक बड़ा बेटा भी था। वास्तव में, उनके पास कोई और विकल्प भी नहीं था। 1966 में जब अजीम स्टैनफोर्ड से लौटे और उनके भाई पहले से ही शादी के बाद रहने के लिए पाकिस्तान का रुख कर चुके थे। ऐसे में, कंपनी की कमान सँभालने के लिए और कोई था ही नहीं, हालाँकि एम.एच. प्रेमजी ने कभी भी उन्हें कंपनी में समाविष्ट करने का प्रयास नहीं किया और न ही उन्होंने कभी उनके साथ कंपनी से जुड़े मामलों को लेकर कोई चर्चा की थी। वास्तव में, उन्होंने कभी सोचा ही नहीं था कि जीवन इतना अधिक अनिश्चित है और कुछ ही सेकंडों में साँसों की डोर टूट सकती है। हो सकता है कि उन्होंने अजीम की शिक्षा पूरी होने के इंतजार में कंपनी में उनके प्रशिक्षण को स्थगित करने का विचार किया हो; लेकिन भगवान् की ऐसी मर्जी नहीं थी। यही एक कारण था, जिसके चलते कंपनी की कमान अपने हाथ में लेते समय वे एक कोरे कागज जैसे थे। उन्होंने सामने आनेवाली चुनौतियों का सामना काफी सफल तरीके से किया। उन्होंने सबसे पहले जिस चीज को करना तय किया, वो था कंपनी के रोजमर्रा के मामलों को सँभालना और कंपनी परिसर में होनेवाले हर काम का

अवलोकन और निरीक्षण करना। उन्होंने वहाँ पर जो सबसे महत्त्वपूर्ण चीज देखी, वो थी वहाँ होनेवाले कामों का सामान्यीकरण।

आम जीवन में लोग अनिश्चित शब्दों में बात करते हैं। आप उनसे सिर्फ यह पूछें कि उनका व्यापार कैसा चल रहा है और वो कहेंगे, "सब बिल्कुल ठीक है।" इसके बाद, उनसे पूछें कि क्या पिछले एक सप्ताह में बिक्री में कोई वृद्धि हुई है ? निश्चित ही इसका जवाब होगा, "थोड़ी बहुत।" जब अजीम ने कंपनी के अध्यक्ष के रूप में पदभार सँभाला, उस समय बिल्कुल इसी प्रकार की संस्कृति विप्रो में भी प्रचलन में थी। उनके दादा और उनके पिता ने इस कंपनी की स्थापना की थी और यह अच्छा प्रदर्शन कर रही थी, इसके बावजूद यह पेशेवर तर्ज पर संचालित नहीं हो रही थी। उन्होंने वो सब किया, जो उन्होंने अपने अनुभव के आधार पर सीखा था और ऐसा सिर्फ इसी आधार पर था कि वो कंपनी को सफलता के रास्ते पर ले जाने में सफल हुए थे।

आम जीवन में लोग अनिश्चित शब्दों में बात करते हैं। आप उनसे सिर्फ यह पूछें कि उनका व्यापार कैसा चल रहा है और वो कहेंगे, "सब बिल्कुल ठीक है।" इसके बाद, उनसे पूछें कि क्या पिछले एक सप्ताह में बिक्री में कोई वृद्धि हुई है ? निश्चित ही इसका जवाब होगा, "थोड़ी बहुत"।

हालाँकि, जब अजीम प्रेमजी ने कंपनी की कमान अपने हाथों में ली तो वे यह स्पष्ट रूप से देख सकते थे कि कंपनी कामकाज के उन रूढ़िवादी तौर-तरीकों के साथ टिकी नहीं रह सकती; हालाँकि वे इस बात को लेकर निश्चित नहीं थे कि उन्हें इसमें सुधार करने के लिए क्या कदम उठाने चाहिए ? उन्होंने इस प्रकार से चीजों को सीखना प्रारंभ किया। उनके सामने दो विकल्प मौजूद थे; एक था, पेशेवर प्रबंधन की डिग्री के लिए किसी शैक्षणिक संस्थान में दाखिला लेना; लेकिन वे इतने लंबे समय के लिए कंपनी से अनुपस्थित नहीं रह सकते थे; और दूसरा था, चीजों को खुद से सीखना। उन्होंने ऐसी

पुस्तकें खरीदने का फैसला किया, जो उन्हें कंपनी के प्रबंधन और संचालन के तौर-तरीके सिखा सकें। उन्होंने पुस्तकों की कई दुकानों का दौरा किया, लेकिन वे यह तय करने में नाकामयाब रहे कि कौन सी पुस्तकें खरीदें और किनकी अनदेखी करें! उन्होंने इस समय पेशेवर सलाह लेने का फैसला किया और इसके लिए उन्होंने एक प्रबंधन संस्थान के एक प्रोफेसर से संपर्क किया और स्थिति पर उनके साथ विस्तार से चर्चा की और उनसे इस मामले में मार्गदर्शन देने का अनुरोध किया। उन प्रोफेसर ने उन्हें कुछ ऐसी पुस्तकों की सूची प्रदान की, जो उन्हें प्रबंधन के बुनियादी सिद्धांतों को सीखने में मददगार साबित हो सकती थीं।

अजीम को अकेले अपने दम पर कंपनी के लगभग सभी मामलों को देखना पड़ा, क्योंकि वास्तविकता यह थी कि पूरे परिवार में से वो सिर्फ अकेले ही थे, जो कंपनी को सँभाले हुए थे, हालाँकि उनमें से कइयों के नाम पर शेयर जरूर आवंटित किए गए थे। परिवार के सदस्यों ने शायद ही कभी उन्हें सलाह दी कि उन्हें क्या करना चाहिए या कैसे करना चाहिए? अजीम ने पुस्तकें खरीदीं, लेकिन उनके सामने सबसे बड़ी समस्या यह थी कि वो इन पुस्तकों को पढ़ने के लिए अपनी व्यस्त दिनचर्या से समय ही नहीं निकाल पाते थे। प्रत्येक दिन के अंत में, वे जब भी कुछ पन्नों को पढ़ने के बारे में सोचते, तो वे इतने थके हुए होते थे कि उनमें दिलचस्पी ही नहीं ले पाते थे। इसी वजह के चलते वे अपने लिए कुछ ऐसी पुस्तकें चाहते थे, जो उन्हें बिंदुओं में पूरा ज्ञान प्रदान कर सकें; जैसे '30 दिनों में प्रबंधन सीखें'।

अजीम को अकेले अपने दम पर कंपनी के लगभग सभी मामलों को देखना पड़ा, क्योंकि वास्तविकता यह थी कि पूरे परिवार में से वो सिर्फ अकेले ही थे, जो कंपनी को सँभाले हुए थे, हालाँकि उनमें से कइयों के नाम पर शेयर जरूर आवंटित किए गए थे।

शायद इसी वजह से अजीम अभी भी संक्षिप्त व्याख्यान देना पसंद करते हैं, जिनके शीर्षक 'उद्यमिता सीखने के 8 तरीके', 'जीवन के 10

महत्त्वपूर्ण पाठ', 'छात्रों के लिए पाँच नियम' और इसी से मिलते-जुलते होते हैं। वे खुद को ऐसे ही नंबर गेम में संलग्न करते हैं। उनका ऐसा मानना है कि लोग चीजों को सीखने के अभ्यस्त हैं, लेकिन उनके पास गंभीरता के साथ खुद को गहन अध्ययन में लिप्त होने का समय नहीं है, जब तक कि वो उनके कॅरियर के लिए बेहद महत्त्वपूर्ण न हो; लेकिन वे ऐसी सलाह लेने के लिए बिल्कुल तैयार रहते हैं, जो संक्षेप में दी जा रही हो, बल्कि संक्षिप्त बिंदुओं में, कि वे अपने लक्ष्यों को पूरा करने के लिए क्या कर सकते हैं?

जब किसी चीज को बिंदुओं में प्रस्तुत किया जाता है तो पूर्ण सामग्री को कई भागों में विभाजित किया जाता है और प्रत्येक भाग को एक उपयुक्त शीर्षक दिया जाता है, जो अंदर मौजूद जानकारी के सार को प्रदर्शित करता है। यहाँ तक कि सिर्फ इन बिंदुओं को पढ़ने भर से ही पूरी सामग्री का सार समझ में आ जाता है और ऐसा व्यक्ति, जिसके पास समय की कमी हो तो सिर्फ इन शीर्षकों को पढ़कर ही वह जान और समझ सकता है, जिनसे सामान्य परिस्थितियों में वह बेखबर ही रहता। अजीम प्रेमजी द्वारा इस तरीके को अपनाए जाने के बाद अब कई वक्ताओं ने इस पद्धति को अपनाना प्रारंभ कर दिया है। आपको बाजार में भी ऐसी पुस्तकों का ढेर मिल सकता है, जो आपको चीजें सिखाएँ, जैसे '30 दिनों में अंग्रेजी सीखें' या फिर ऐसे ही। एक पाठक को अपने लिए पुस्तकों का चयन करते समय पर्याप्त सावधानी बरतनी चाहिए, क्योंकि सभी पुस्तकें इतनी अच्छी नहीं होती हैं और न ही वे पेशेवरों द्वारा लिखी गई होती हैं।

आपको बाजार में भी ऐसी पुस्तकों का ढेर मिल सकता है, जो आपको चीजें सिखाएँ, जैसे '30 दिनों में अंग्रेजी सीखें' या फिर ऐसे ही। एक पाठक को अपने लिए पुस्तकों का चयन करते समय पर्याप्त सावधानी बरतनी चाहिए, क्योंकि सभी पुस्तकें इतनी अच्छी नहीं होती हैं और न ही वे पेशेवरों द्वारा लिखी गई होती हैं।

अब अजीम के पास ऐसी पुस्तकें मौजूद थीं, जो उन्हें पेशेवर सलाह

देने का काम करती थीं और साथ ही उन्हें बहुत अधिक विवरण से डराती भी नहीं थीं। समय की बेहद कमी के बावजूद, अजीम ने खुद को इन पुस्तकों के अध्ययन के लिए समर्पित कर दिया। वे जितना अधिक अध्ययन करते, वे कंपनी में सुधार करने के तरीकों को लेकर उतना ही अधिक स्पष्ट हो जाते। इसके लिए यह आवश्यक था कि वे अपने मस्तिष्क को ढाल लें, ताकि वे कंपनी के मामलों में स्थायी परिवर्तन लाने में कामयाब हो सकें। उनके ज्ञान का आधार जैसे-जैसे बढ़ता गया, उन्होंने वैसे-वैसे ही चीजों को कार्यरूप में परिणत करना प्रारंभ कर दिया; अब वे उन कदमों को उठाने में बिल्कुल भी नहीं डरते थे, जो वे अपने खुद के कामों से सीखते थे। वे कुछ ही महीनों में इस बात को समझ गए कि अगर उन्हें कंपनी को सफलता के क्षितिज तक पहुँचाना है तो वे कंपनी को पारंपरिक तरीकों से संचालित नहीं कर सकते।

इनको पढ़ने से उन्हें रोशनी मिली। उन्होंने जब इनका परीक्षण प्रबंधन की आधुनिक नैतिकता के खिलाफ किया तो उनका सामना इसकी कई कमियों से हुआ; उन्होंने इनका विश्लेषण किया और वे यह बात जानकर आश्चर्यचकित रह गए कि कई समस्याएँ ऐसी थीं, जो कंपनी की प्रगति में अवरोधक साबित हो रही थीं।

इनको पढ़ने से उन्हें रोशनी मिली। उन्होंने जब इनका परीक्षण प्रबंधन की आधुनिक नैतिकता के खिलाफ किया तो उनका सामना इसकी कई कमियों से हुआ; उन्होंने इनका विश्लेषण किया और वे यह बात जानकर आश्चर्यचकित रह गए कि कई समस्याएँ ऐसी थीं, जो कंपनी की प्रगति में अवरोधक साबित हो रही थीं। उनके द्वारा चिह्नित किए गए कुछ बिंदुओं का उल्लेख यहाँ पर किया जा रहा है—

अजीम ने पाया कि जहाँ तक मुनाफे का सवाल था, तो कंपनी काफी अच्छी चल रही थी। इसके बावजूद मुनाफे में वृद्धि की बहुत अधिक गुंजाइश थी, क्योंकि कंपनी प्रबंधन में अनुशासन की कमी का सामना कर रही थी

और इसके अलावा कंपनी तकनीकी पद्धतियों पर भी काम नहीं कर रही थी। उनके द्वारा सामने लाए गए सबसे महत्त्वपूर्ण बिंदुओं में कंपनी और अंतिम उपयोगकर्ता के बीच काम करनेवाले बिचौलियों की संख्या शामिल थी। इससे एक तरफ जहाँ कंपनी का मुनाफा कम होता था, वहीं दूसरी तरफ उपभोक्ता को भी उत्पाद अधिक कीमत पर मिलता था। इसका नतीजा संसाधनों की हानि के रूप में सामने आ रहा था। उन्होंने तय किया कि उन्हें बिचौलियों की संख्या को कम करने के लिए काम करना होगा।

बिचौलियों की इतनी बड़ी संख्या के परिणामस्वरूप सामने आनेवाली एक और परेशानी यह थी कि इसके चलते कंपनी का उपभोक्ताओं के साथ सीधा संपर्क टूट चुका था; इसलिए यह पता ही नहीं चल पा रहा था कि उपभोक्ता को वास्तव में चाहिए क्या? उपभोक्ताओं की पसंद के बारे में जो भी चुनिंदा जानकारी सामने आ पाती थी, वो इन बिचौलियों के माध्यम से ही आती थी, जो सिर्फ वही बताते थे, जो उनके फायदे का होता था। इसने कंपनी और अंतिम उपभोक्ता के बीच से इन बिचौलियों को पूरी तरह से खत्म नहीं, तो काफी हद तक कम करने को काफी हद तक अनिवार्य बना दिया। इसके चलते कंपनी अपने उत्पादों को ढालने में नाकामयाब हो रही थी और साथ ही, न ही कंपनी की नीतियों को बाजार की माँगों के अनुरूप बदला जा रहा था।

बिचौलियों की इतनी बड़ी संख्या के परिणामस्वरूप सामने आनेवाली एक और परेशानी यह थी कि इसके चलते कंपनी का उपभोक्ताओं के साथ सीधा संपर्क टूट चुका था; इसलिए यह पता ही नहीं चल पा रहा था कि उपभोक्ता को वास्तव में चाहिए क्या?

एक बार इसे अमल में लाने के बाद, कंपनी को इस बात का पता चलने लगा कि वास्तव में बाजार में बिक्री के योग्य है क्या! अजीम ने ध्यान दिया कि कंपनी के उत्पाद अंतिम उपयोगकर्ता की आवश्यकताओं के अनुरूप ही नहीं थे। उदाहरण के लिए, कंपनी तेल को बड़े डिब्बों में उपलब्ध करवाती

थी, जबकि अंतिम उपयोगकर्ता इसे कम मात्रा में खरीदते थे। इस प्रणाली में भी कई कमियाँ थीं। इसके अलावा बिचौलिए उत्पाद में मिलावट कर सकते थे, वो उपभोक्ता तक एक निश्चित मूल्य के बदले पहुँचनेवाली तेल की मात्रा में कमी करके उपभोक्ता को धोखा दे सकते थे और इसके नतीजतन बहुत अधिक बरबादी होती थी, क्योंकि तेल को एक डिब्बे से दूसरे में डाला जाता था। इससे भी अधिक, सभी उपभोक्ता ऐसे नहीं थे कि वे तेल को एक सप्ताह या फिर महीने जैसी लंबी अवधि के लिए खरीदने में सक्षम हों और उनमें से कई तो इसे करीब–करीब दैनिक आधार पर खरीदते थे। इस आवश्यकता ने अजीम को एक नया विचार दिया कि उन्हें इसे छोटी पैकिंग में पेश करना चाहिए और इस प्रकार उन्होंने पाउचों को बाजार में उतारा। विप्रो उन चुनिंदा शुरुआती कंपनियों में से एक थी, जिसने पाउच का उत्पादन शुरू किया था। इससे सभी संबंधित लोगों को फायदा हुआ। बिचौलियों को अब उत्पाद को विभिन्न आवश्यकताओं के अनुरूप तौलने या मापने की आवश्यकता नहीं थी और वे तेल के बेकार में बहने से होनेवाले नुकसान से भी बच गए थे। इसके अलावा, उपभोक्ता अब इस बात को लेकर पूरी तरह सुनिश्चित था कि उसे वही उत्पाद मिला है, जो उसने खरीदा है और उसे मिलावटी या फिर घटतौली किया हुआ उत्पाद नहीं मिला है।

विप्रो उन चुनिंदा शुरुआती कंपनियों में से एक थी, जिसने पाउच का उत्पादन शुरू किया था। इससे सभी संबंधित लोगों को फायदा हुआ। बिचौलियों को अब उत्पाद को विभिन्न आवश्यकताओं के अनुरूप तौलने या मापने की आवश्यकता नहीं थी और वे तेल के बेकार में बहने से होनेवाले नुकसान से भी बच गए थे।

अजीम ने जब कंपनी के अध्यक्ष के तौर पर पद सँभाला था, तब उन्हें एक बड़ी चुनौती का सामना करना पड़ा था और वो यह थी कि उनके पास अनुभव की कमी थी और ऐसा इसलिए हुआ था, क्योंकि उनके पिता

ने उन्हें इस पद के लिए तैयार नहीं किया था। उन्होंने देखा कि कंपनी में विभिन्न स्तरों पर इस कार्यप्रणाली का पालन किया जा रहा था। प्रत्येक विभाग अलग-अलग विशिष्ट प्रबंधकों के नेतृत्व में संचालित हो रहा था, जो ऐसे आगामी प्रबंधकों को तैयार करने पर जरा भी ध्यान नहीं दे रहे थे, जो किसी आकस्मिक स्थिति या सेवानिवृत्ति या फिर किसी प्रबंधक की मृत्यु हो जाने की स्थिति में उनका स्थान ले सकें। इस वजह के चलते कंपनी का संचालन धीरे-धीरे थम सकता था। उन्होंने महसूस किया कि किसी भी नए पदाधिकारी को खुद से ही सभी चीजें सीखनी होंगी, जैसा कि वो अभी भी कर रहे थे। इसलिए उन्होंने एक बदलाव लाने का फैसला किया, जिसमें प्रत्येक व्यक्ति को एक ऐसे व्यक्ति को प्रशिक्षित करने की जिम्मेदारी दी गई, जो उनकी अनुपस्थिति में उनका स्थान ले सके।

अजीम ने ध्यान दिया कि कंपनी के प्रबंधक, विभागों के प्रमुख और यहाँ तक कि अन्य कर्मचारी भी जो कर रहे थे, उसमें दूसरों को प्रशिक्षित करने के लिए बिल्कुल भी तैयार नहीं थे; और इसके चलते, कंपनी पूरी तरह से उन लोगों पर निर्भर थी, जो अपने क्षेत्र में विशेषज्ञता रखते थे और इस निर्भरता को जबरदस्त तरीके से कम करने की आवश्यकता थी, ताकि नया पदक्रम स्थापित किया जा सके।

अजीम ने ध्यान दिया कि कंपनी के प्रबंधक, विभागों के प्रमुख और यहाँ तक कि अन्य कर्मचारी भी जो कर रहे थे, उसमें दूसरों को प्रशिक्षित करने के लिए बिल्कुल भी तैयार नहीं थे; और इसके चलते, कंपनी पूरी तरह से उन लोगों पर निर्भर थी, जो अपने क्षेत्र में विशेषज्ञता रखते थे और इस निर्भरता को जबरदस्त तरीके से कम करने की आवश्यकता थी, ताकि नया पदक्रम स्थापित किया जा सके। इसके लिए, अजीम ने यह अनिवार्य कर दिया कि प्रत्येक प्रबंधक और कर्मचारी को एक ऐसे व्यक्ति को प्रशिक्षित करना होगा, जो उस व्यक्ति की अनुपस्थिति में उसका कार्यभार सँभाल सके, चाहे वो

किसी भी पद पर कार्यरत हो। इस पद्धति ने यह सुनिश्चित किया कि जब चेन का कोई व्यक्ति बीमारी, परिवार में शादी या फिर सेवानिवृत्ति जैसे किसी भी कारण के चलते अनुपस्थित हो तो कंपनी को उसका स्थान लेने के लिए अँधेरे में हाथ-पाँव न मारने पड़ें।

संगठनात्मक ढाँचे में किसी भी प्रकार के बदलाव को लागू कर पाना इतना आसान काम नहीं है, जितना वो प्रतीत होता है। इसके लिए काम करने के तरीके के साथ-साथ सोच में भी बुनियादी बदलाव लाना बेहद आवश्यक था। अजीम ने इसके लिए सबसे पहले तो प्रत्येक विभाग के कामकाज करने के तरीके का अध्ययन किया, जिनमें उत्पादन, वितरण, एकाउंट्स और प्रबंधन शामिल थे। उन्होंने सबसे पहले वहाँ काम करनेवाले प्रत्येक व्यक्ति द्वारा किए जानेवाले कामों के प्रकार का पता लगाने के साथ इस प्रक्रिया को शुरू किया; उन्हें दर्ज किया गया और उन्हें कैसे किया गया, यह भी देखा गया। अब उत्तराधिकारी की प्रणाली पर नजर डाली गई और इस प्रणाली को उस प्रत्येक पद के लिए अनिवार्य बना दिया गया, जिसमें निर्णय लेने की आवश्यकता थी और जो कंपनी के कामकाज के लिए महत्त्वपूर्ण था। जब इस बदलाव को अपनाने की प्रक्रिया चल ही रही थी, तभी अजीम को कंपनी के बारे में नई जानकारी मिली और इसने उन्हें और अधिक परिवर्तन लाने में काफी मदद की। इसके परिणामस्वरूप, 'नवाचार' और 'परिवर्तन' कंपनी में चर्चित शब्द बन गए।

संगठनात्मक ढाँचे में किसी भी प्रकार के बदलाव को लागू कर पाना इतना आसान काम नहीं है, जितना वो प्रतीत होता है। इसके लिए काम करने के तरीके के साथ-साथ सोच में भी बुनियादी बदलाव लाना बेहद आवश्यक था। अजीम ने इसके लिए सबसे पहले तो प्रत्येक विभाग के कामकाज करने के तरीके का अध्ययन किया, जिनमें उत्पादन, वितरण, एकाउंट्स और प्रबंधन शामिल थे।

इस अवधारणा के चलते कंपनी बड़े पैमाने पर संगठनात्मक परिवर्तन की साक्षी बनी। अजीम प्रेमजी कहते हैं, "मुझे इन परिवर्तनों को लागू करने में तीन से चार साल का समय लगा।" उनके द्वारा कंपनी के कामकाज करने के तरीके में लाई गई नवीन सोच भारतीय उद्योग जगत् के लिए बिल्कुल नई थी, क्योंकि किसी भी उद्यमी ने तब तक इन रणनीतियों का प्रयोग नहीं किया था। जब किसी चीज को करने की कोशिश ही नहीं की गई होती है, तो उसे करने के नकारात्मक परिणाम भी सामने आ सकते हैं; लेकिन अजीम ने इतने रणनीतिक तरीके से योजना बनाई कि पूरी प्रणाली आधुनिक और कुशल हो गई।

इन परिवर्तनों को लागू करते समय अजीम इस बात को अच्छे से जानते थे कि किसी बदलाव को रातोरात लागू नहीं किया जा सकता; उन्हें इन्हें लागू करने में चुनौतियों का सामना करना पड़ेगा और इस बात की भी पूरी संभावना है कि उन्हें कर्मचारियों और प्रबंधकों की ओर से विरोध और अप्रसन्नता का सामना करना पड़े।

इन परिवर्तनों को लागू करते समय अजीम इस बात को अच्छे से जानते थे कि किसी बदलाव को रातोरात लागू नहीं किया जा सकता; उन्हें इन्हें लागू करने में चुनौतियों का सामना करना पड़ेगा और इस बात की भी पूरी संभावना है कि उन्हें कर्मचारियों और प्रबंधकों की ओर से विरोध और अप्रसन्नता का सामना करना पड़े। लेकिन इसके बावजूद वे इस बात पर दृढ़ थे कि आखिरकार ऐसा करने से कंपनी को ही फायदा मिलेगा, जो अंततः इससे संबंधित सभी लोगों के लिए बेहद फायदेमंद होगा, जिसमें प्रबंधकों से लेकर कर्मचारियों तथा बिचौलिए और अंतिम उपयोगकर्ता तक शामिल होंगे। यही सोच अजीम को एक ऐसा उद्यमी बनाती है, जो जोखिम उठाने को तैयार रहते हैं और समकालीन सफल उद्यमियों और व्यापारियों द्वारा इस प्रकार की अवधारणाओं की कल्पना तक नहीं की गई थी।

उनके द्वारा लाए गए बदलावों में सबसे अधिक महत्त्वपूर्ण था—

प्रस्तुतियों में संख्याओं को शामिल करना। असल में, अजीमजी जब भी किसी से भी कोई रपट माँगते तो उन्हें कई बार 'ठीक है', 'इतना अच्छा नहीं है', 'अच्छा' और ऐसे ही अनिश्चित जवाबों से जूझना पड़ता, जो उन्हें सटीक जानकारी नहीं देते थे। उन्होंने विशेष रूप से इस बात का निर्देश दिया और उन्हें दी जानेवाली प्रत्येक जानकारी निश्चित आँकड़ों के साथ प्रस्तुत की जाए और साथ ही यह भी कि वे अनिश्चित संख्याओं को स्वीकार करने के अभ्यस्त नहीं थे। उन्होंने खासतौर पर कहा कि जब वे यह जानना चाहें कि बिक्री कैसी चल रही है, तो वे टिनों की संख्या जानना चाहते हैं, जब वे ऐसा पता करना चाहें कि बिक्री अच्छी चल रही है या बुरी, तो वे बिक्री में उतार या चढ़ाव को सटीक संख्या में जानना चाहते हैं, सिर्फ सटीक आँकड़े ही नहीं, वे चीजों को प्रतिशत के संदर्भ में भी जानना चाहते थे। इस प्रकार के एक दृष्टिकोण से उन्हें यह जानने में मदद मिली कि कंपनी के विभिन्न पहलुओं को कैसे प्रबंधित किया जा रहा है।

इसने कंपनी में एक नई तरह की कार्य संस्कृति प्रस्तुत की। अब वहाँ पर पहले की तरह सामान्य जवाब नहीं दिए जाते थे, बल्कि वे सब विशिष्ट आँकड़ों से सुसज्जित, विशिष्ट जवाब होते थे। इस कार्यप्रणाली ने कंपनी को अपने संसाधनों को उन उत्पादों में निवेश करने में मदद की।

इसने कंपनी में एक नई तरह की कार्य संस्कृति प्रस्तुत की। अब वहाँ पर पहले की तरह सामान्य जवाब नहीं दिए जाते थे, बल्कि वे सब विशिष्ट आँकड़ों से सुसज्जित, विशिष्ट जवाब होते थे। इस कार्यप्रणाली ने कंपनी को अपने संसाधनों को उन उत्पादों में निवेश करने में मदद की। जिनकी माँग अधिक थी और साथ ही इसने कंपनी को आनेवाले सत्रों या फिर महीनों में बिक्री का अनुमान लगाने में भी मदद की, जिसके चलते वो समय पर माँगों को पूरा करते हुए अपने प्रतिस्पर्धियों पर एक बढ़त लेने में सफल रहे।

जब प्रस्तुतियाँ आँकड़ों के साथ पेश की गईं तो अजीम ने बारीकी

से उनका अध्ययन किया और फिर उसके बाद एक ऐसी नई योजना पेश की, जो एक फायदेमंद प्रतिस्पर्धा थी। यह प्रतिस्पर्धी योजना सह-श्रमिकों के लिए तैयार की गई थी। उदाहरण के लिए बिक्री या उत्पादन विभागों में काम करनेवाले श्रमिकों के बीच, अगर कोई सेल्समैन 20 टीन बेचने में सक्षम था, जबकि दूसरा सिर्फ 10, तो इस प्रतिस्पर्धा योजना ने उस व्यक्ति को फायदा पहुँचाया, जिसने अपने कामकाज में सुधार किया। इसके अलावा इसने बेहतर प्रदर्शन करनेवाले को भी अपने प्रदर्शन को और अधिक बेहतर बनाने के लिए प्रेरित किया। इससे एक तरफ जहाँ कर्मचारियों को मिलनेवाले पारिश्रमिक में इजाफा हुआ, वहीं दूसरी तरफ अंततः कंपनी को ही लाभ पहुँचा, क्योंकि यह कंपनी की मूल नीति, अपने मुनाफे पर न्यूनतम लाभ प्राप्त करने की थी। क्या आप यहाँ पर एक युवा मस्तिष्क में जड़ जमानेवाले परोपकार के उन तत्त्वों को देख पा रहे हैं, जो आनेवाले समय में इतने प्रभावशाली साबित होने जा रहे थे?

इस प्रतिस्पर्धा योजना को लेकर श्रमिकों के मन में आनेवाली आशंकाओं को दूर करने के लिए, अजीम ने उनमें से कइयों को अपने केबिन में बुलाया और उनसे आमने-सामने बात की, ताकि किसी के मन में किसी भी प्रकार का कोई संदेह न रहे।

इस प्रतिस्पर्धा योजना को लेकर श्रमिकों के मन में आनेवाली आशंकाओं को दूर करने के लिए, अजीम ने उनमें से कइयों को अपने केबिन में बुलाया और उनसे आमने-सामने बात की, ताकि किसी के मन में किसी भी प्रकार का कोई संदेह न रहे।

इसके अलावा, कंपनी में होनेवाला एक और संगठनात्मक बदलाव था, जिम्मेदारियों को सौंपना। उनके पिता एम.एच. प्रेमजी ने सारी जिम्मेदारी अपने कंधों पर उठा रखी थी, जिसके चलते उन्हें नवाचार और पेशेवर आचरणों के बारे में सोचने के लिए अधिक समय मिल ही नहीं पाता था। वहीं अजीम का ऐसा मानना था कि अगर वे कंपनी को बेहतर बनाना चाहते

हैं तो वे ऐसी सोच के साथ आगे नहीं बढ़ सकते, इसलिए उन्होंने ऐसे सक्षम और प्रतिभाशाली लोगों को चुनने का फैसला किया, जो उनके महत्त्वपूर्ण विभागों को सँभाल सकें।

अगर अजीम चाहते तो वे कंपनी के महत्त्वपूर्ण विभागों को अपने परिवार के सदस्यों को सौंप सकते थे; उन्हें ऐसा करने से रोकनेवाला कोई नहीं था, लेकिन उन्होंने एक बेहतर दृष्टिकोण अपनाया। उन्होंने इन पदों को सुशोभित करने के लिए पेशेवरों को खोजा। वे कंपनी में किसी भी जिम्मेदार पद पर अपने किसी रक्त संबंधी को नियुक्त नहीं करना चाहते थे; उनके लिए, क्षमता और प्रतिभा किसी भी अन्य से अधिक महत्त्वपूर्ण थे; और योग्यता उन्हें आकर्षित करनेवाली सबसे बड़ी विशेषता थी।

अपने उद्देश्य की पूर्ति के लिए, अजीम ने शून्य से प्रतिभा को तलाशना प्रारंभ किया। उन्होंने आई.आई.एम. (भारतीय प्रबंधन संस्थान) सहित अनेक प्रबंधन संस्थानों का दौरा किया, कई युवा पेशेवरों और नवोदित उद्यमियों से मिले और उनका साक्षात्कार लिया और उनकी क्षमताओं और सामर्थ्य को जाँचने में व्यक्तिगत रुचि ली।

अपने उद्देश्य की पूर्ति के लिए, अजीम ने शून्य से प्रतिभा को तलाशना प्रारंभ किया। उन्होंने आई.आई.एम. (भारतीय प्रबंधन संस्थान) सहित अनेक प्रबंधन संस्थानों का दौरा किया, कई युवा पेशेवरों और नवोदित उद्यमियों से मिले और उनका साक्षात्कार लिया और उनकी क्षमताओं और सामर्थ्य को जाँचने में व्यक्तिगत रुचि ली।

कई लोग उस दौर को याद करते हुए बताते हैं कि वे अजीम द्वारा उन बैठकों में तैयार किए गए शांत स्वभाव और सामंजस्यपूर्ण वातावरण से बेहद प्रभावित थे। अपने शांत स्वभाव के बावजूद, जब ब्योरेवार विवरण की बारी आती थी तो वे बिल्कुल भी नरम नहीं होते थे, उन्हें उम्मीदवार द्वारा किए जानेवाले किसी भी दावे को साबित करने के लिए प्रमाण की आवश्यकता

होती थी। इसके अलावा, वे यह जानने के लिए उम्मीदवार के दिमाग में भी झाँककर देखते थे कि वो दीर्घावधि में क्या करने के इच्छुक हैं? और फिर सभी संबंधित समग्र पहलुओं को ध्यान में रखते हुए, वो यह फैसला लेते कि क्या अमुक व्यक्ति नौकरी के लिए उपयुक्त है या नहीं, और अगर वो उपयुक्त है तो कौन सा विभाग उसके लिए सर्वाधिक उपयुक्त रहेगा? कई लोग इस बात को लेकर भी काफी आश्चर्यचकित होते हैं कि अजीम उन लोगों का साक्षात्कार भी बिल्कुल उसी तरीके से लेते थे, जिनके प्रबंधन में निचले पदों पर शामिल होने की संभावना होती थी। उनके द्वारा साक्षात्कार किए गए कुछ उम्मीदवार यह भी स्वीकार करते हैं कि वे लंबे समय तक चलनेवाले साक्षात्कार की प्रक्रिया के दौरान चिड़चिड़ापन और बेचैनी भी महसूस करते थे।

> *अजीम के लिए चयन एक लंबी प्रक्रिया थी। वे घंटों तक लगातार उम्मीदवारों का साक्षात्कार ले सकते थे। वे स्वीकार करते हैं, "प्रतिभा की तलाश करने की प्रक्रिया में इतना अधिक समय लगाना बिल्कुल भी गलत नहीं है, क्योंकि आखिरकार यही वो है, जो आनेवाले समय में आपको फायदा पहुँचाएगा।"*

अजीम के लिए चयन एक लंबी प्रक्रिया थी। वे घंटों तक लगातार उम्मीदवारों का साक्षात्कार ले सकते थे। वे स्वीकार करते हैं, "प्रतिभा की तलाश करने की प्रक्रिया में इतना अधिक समय लगाना बिल्कुल भी गलत नहीं है, क्योंकि आखिरकार यही वो है, जो आनेवाले समय में आपको फायदा पहुँचाएगा।" किसी नए व्यक्ति को नौकरी देना उसे अपने घर की चाबी सौंपने जैसा है और इस प्रकार की जिम्मेदारियों को सौंपने से पहले किसी भी व्यक्ति के बारे में अच्छी तरह से जान लेने में कुछ भी गलत नहीं है। विप्रो के साथ सफल होने के लिए विश्वास और विश्वसनीयता दो महत्त्वपूर्ण कारक हैं।

जिन लोगों को इन साक्षात्कारों के जरिए चुना गया, उन्हें ऐसा लगता

है कि लंबे होने के बावजूद, वे इसके लायक थे। वे कहते हैं कि उन्हें ऐसा इसलिए प्रतीत होता है, क्योंकि एक बार अजीम के किसी व्यक्ति की क्षमता को लेकर संतुष्ट हो जाने के बाद, वे उसे काम करने की पूरी स्वतंत्रता प्रदान करते हैं; उनके लिए उनके कर्मचारी सिर्फ कठपुतली नहीं हैं, जो उनके इशारों पर नाचें; वे उन्हें वास्तविक शक्ति प्रदान करते हैं, ताकि वे अपने विभागों के मामलों को स्वतंत्र रूप से चला सकें, स्वतंत्र निर्णय ले सकें और कंपनी की सफलता में योगदान दे सकें।

इस नए प्रकार की चयन प्रक्रिया का सबसे उल्लेखनीय फायदा यह हुआ कि कई युवा पेशेवर विप्रो का हिस्सा बनने में कामयाब रहे, जिसके परिणामस्वरूप वहाँ कार्यरत प्रबंधकों की औसत आयु नीचे आकर 28 वर्ष तक पहुँच गई। यह कंपनी की धाराओं में युवा रक्त को शामिल करनेवाला एक उद्यमी निर्णय था। इनमें से कई लोग तो प्रबंधन संस्थानों से निकले बिल्कुल नए और ताजा थे, लेकिन अजीम ने उनमें प्रतिभा देखी थी। उन्होंने उन्हें न केवल स्वतंत्र रूप से काम करने का मौका प्रदान किया, बल्कि उन्हें शानदार कॅरियर की संभावनाओं के रास्तों से भी रू-ब-रू करवाया।

> ***इस नए प्रकार की चयन प्रक्रिया का सबसे उल्लेखनीय फायदा यह हुआ कि कई युवा पेशेवर विप्रो का हिस्सा बनने में कामयाब रहे, जिसके परिणामस्वरूप वहाँ कार्यरत प्रबंधकों की औसत आयु नीचे आकर 28 वर्ष तक पहुँच गई।***

नए, युवा दिमाग कंपनी के लिए नए विचार लेकर आए। अजीम हमेशा नए विचारों के लिए खुले थे। वे अकसर अपने कर्मचारियों के साथ मुलाकात करते और जब भी कोई नया विचार उनके सामने प्रस्तुत किया जाता और अगर वो उन्हें उपयुक्त प्रतीत होता, तो वे उसपर सकारात्मक रूप से जरूर विचार करते थे। इसने युवाओं को बिल्कुल नए तरीके से सोचने के लिए प्रोत्साहित किया, ताकि वे कंपनी के विस्तार और प्रगति के मार्ग में योगदान

देनेवाला तत्त्व बन सकें। अजीम द्वारा अपने कामकाज में शामिल किए गए कई नए विचार उनके संस्थान में कार्यरत इन्हीं युवाओं के दिमाग की खोज थे। उन्होंने नए विचारों का स्वागत और सम्मान किया, यहाँ तक कि उन लोगों के भी, जो उनकी कंपनी से किसी भी प्रकार से जुड़े नहीं थे।

अजीम इस प्रकार के अपने दृष्टिकोण को लेकर बिल्कुल स्पष्ट थे। वो कहते हैं, "सभी नए विचार सफल तो नहीं हो सकते, लेकिन उन्हें पूर्णतया सिर्फ इसलिए खारिज नहीं किया जा सकता, क्योंकि वे आपको पसंद नहीं हैं।" उनका मानना यह था कि किसी नए विचार को अपनाने का अर्थ सफलता या फिर असफलता दोनों ही हो सकता है, अगर वो सफल हुआ, तो वो इस लायक था और अगर असफल, तो उसने एक ऐसे नए महत्त्वपूर्ण फैसले की राह खोली, जो नए विचारों पर प्रयास करने की नींव रख सकता है। अगर कियी युवा पेशेवर द्वारा प्रस्तुत किया गया कोई विचार गलत भी साबित हुआ तो उन्होंने इस बात का कभी भी बुरा नहीं माना। उन्होंने अकसर अपने प्रबंधकों को सलाह दी कि एक विचार के विफल होने का मतलब यह नहीं है कि उन्हें अन्य विचारों को भी दबा देना चाहिए, बल्कि उन्हें बाहर लाया जाना चाहिए और उनका पालन करना चाहिए।

अजीम इस प्रकार के अपने दृष्टिकोण को लेकर बिल्कुल स्पष्ट थे। वो कहते हैं, "सभी नए विचार सफल तो नहीं हो सकते, लेकिन उन्हें पूर्णतया सिर्फ इसलिए खारिज नहीं किया जा सकता, क्योंकि वे आपको पसंद नहीं हैं।"

उन्होंने इस विचार का समर्थन किया कि पाँच बार असफल होने के बाद एक सार्थक विचार को प्राप्त करना आप जितना पा सकते हैं, उससे कहीं अधिक है। किसी भी संगठन का सफल और समृद्ध होना पूरी तरह से नए विचारों पर आधारित होता है; काम करने के पारंपरिक तरीकों को अपनाकर सफलता को पाया नहीं जा सकता।

अजीम ने अपने शुरुआती दिनों से ही इस दृष्टिकोण को अपनाया,

हालाँकि उनका स्पष्ट रूप से ऐसा मानना था कि नए विचारों को अपनाने से पूर्व उनके बारे में पूरी तरह से खोजबीन कर लेनी चाहिए और उनके सीखे गए सबकों को भावी पीढ़ी के लिए संरक्षित किया जाना चाहिए, ताकि वही विचार आनेवाले समय में नए शब्दों और रंग-रूप में बार-बार सामने न आते रहें, जिनका परिणाम सिर्फ समय की बरबादी ही हो सकता है।

अजीम ने कंपनी में एक और नया दस्तूर अपनाया, जो था नए और अनुभवी लोगों को एक साथ लाना। उन्होंने नए लोगों को प्रोत्साहित करने के साथ पुराने और अनुभवी लोगों को पूरा सम्मान दिया; उन्होंने दोनों अनुभागों के मध्य सामंजस्य की संस्कृति का निर्माण किया और अगर दोनों के बीच कभी संघर्ष की नौबत आई तो यह उन्हें बिल्कुल भी पसंद नहीं आया। उनका स्पष्ट रूप से कहना था कि युवाओं को भविष्य के दायित्वों और जिम्मेारियों के लिए तैयार रहना चाहिए और ऐसा तभी सबसे अच्छे तरीके से किया जा सकता है, जब वे उन लोगों के साथ निरंतर संपर्क में रहें, जो बीते कई सालों से संस्थान के साथ काम कर रहे हैं।

अजीम ने अपनी कंपनी में युवा पेशेवरों को शामिल करने का पक्ष लिया, लेकिन उन्होंने कभी भी वरिष्ठता को नजरअंदाज नहीं किया, क्योंकि कोई भी शिक्षा अनुभव की बराबरी नहीं कर सकती। जीवन के लगभग सभी क्षेत्रों में बड़ी संख्या में ऐसे लोग मौजूद हैं।

अजीम ने अपनी कंपनी में युवा पेशेवरों को शामिल करने का पक्ष लिया, लेकिन उन्होंने कभी भी वरिष्ठता को नजरअंदाज नहीं किया, क्योंकि कोई भी शिक्षा अनुभव की बराबरी नहीं कर सकती। जीवन के लगभग सभी क्षेत्रों में बड़ी संख्या में ऐसे लोग मौजूद हैं। जिन्होंने बिना किसी व्यावसायिक शिक्षा के सफलता हासिल की है; और वे सिर्फ अपने अनुभव के बल पर ऐसा करने में कामयाब हुए हैं। इस संसाधन का फायदा उठाने के लिए उन्होंने अन्य संस्थानों में कार्यरत वरिष्ठ लोगों से भी संपर्क साधा, विशेषकर उनसे, जो शीर्ष पदों पर पदस्थ थे।

एक हकीकत, जिसने कई लोगों को हतप्रभ कर दिया, वो यह थी कि इतने वरिष्ठ लोग आखिर क्यों इस छोटी सी कंपनी में आ सकते हैं, जबकि वे पहले से ही एक अच्छी और स्थापित कंपनी में अपनी सेवाएँ प्रदान कर रहे हैं? इनमें से कई लोगों ने बाद में खुलासा किया कि उन्होंने ऐसा सिर्फ इसलिए किया, क्योंकि अजीम ने उनके साथ सौहार्दपूर्ण व्यवहार किया, उन्होंने उन्हें कभी ऐसा महसूस नहीं होने दिया कि वे एक रईस व्यवसायी हैं, उन्हें अपने नीचे काम करनेवाले कर्मचारियों के स्थान पर अपने लिए साथी और सहकर्मी चाहिए थे।

अजीम ने, इन साक्षात्कारों के दौरान इस बात को सुनिश्चित किया कि कंपनी से जुड़नेवाले नए व्यक्ति पूरी तरह से निष्ठावान और समर्पित हों; और वे उनके मस्तिष्क में वफादारी और भरोसे की भावना को जगाना चाहते थे; और इस प्रक्रिया को शुरू करने का सबसे सही समय साक्षात्कार के दौर में ही है। उन्हें जब भी किसी उम्मीदवार में भरोसा दिखाई दिया, तो वे उसके दिमाग में झाँककर यह जानने का प्रयास करते कि वो कितना वफादार और भरोसेमंद हो सकता/सकती है; और ऐसा करने के लिए उन्होंने बिना लाग-लपेट के स्पष्ट और सीधे तरीकों का इस्तेमाल किया, ताकि वे उसके दिमाग से अच्छे से संवाद करने में सक्षम हो सकें। संवाद का यह तरीका उन लोगों को काफी पसंद आया, जो कंपनी के साथ एक लंबा कॅरियर बनाना चाहते थे। इस दृष्टिकोण ने अजीम को एक ऐसी टीम खड़ी करने में मदद की, जो किसी भी प्रतिकूल परिस्थिति का सामना कर सकती थी, ताकि वो विस्तारित हो सके और कंपनी को और विकसित करने में मदद कर सके।

अजीम ने, इन साक्षात्कारों के दौरान इस बात को सुनिश्चित किया कि कंपनी से जुड़नेवाले नए व्यक्ति पूरी तरह से निष्ठावान और समर्पित हों; और वे उनके मस्तिष्क में वफादारी और भरोसे की भावना को जगाना चाहते थे; और इस प्रक्रिया को शुरू करने का सबसे सही समय साक्षात्कार के दौर में ही है।

अजीम ने प्रारंभिक दिनों में उत्पाद और वितरण के पहलुओं पर भी ध्यान दिया। उन्होंने पाया कि कच्चे माल की खरीद के साथ-साथ तैयार उत्पादों के वितरण की प्रणाली भी वैज्ञानिक पथ पर नहीं थी और उपलब्ध तकनीक का भी ठीक तरीके से उपयोग नहीं किया जा रहा था। उन्होंने तकनीक को अपनाने के तरीकों के बारे में सोचा और साथ ही यह भी कि वे कैसे प्रौद्योगिकी को अपनी आवश्यकताओं के अनुरूप ढाल सकते हैं? इसके लिए एक बार फिर यह आवश्यक था कि वे कंपनी में अपनाई जानेवाली प्रक्रियाओं का अवलोकन करें।

अजीम ने प्रारंभिक दिनों में उत्पाद और वितरण के पहलुओं पर भी ध्यान दिया। उन्होंने पाया कि कच्चे माल की खरीद के साथ-साथ तैयार उत्पादों के वितरण की प्रणाली भी वैज्ञानिक पथ पर नहीं थी और उपलब्ध तकनीक का भी ठीक तरीके से उपयोग नहीं किया जा रहा था।

कच्चे माल की खरीद के क्षेत्र में भी, अजीम ने इस बात पर ध्यान दिया कि कंपनी में कच्चे माल के रूप में प्रयोग किए जानेवाले कृषि उत्पादों की जाँच के लिए कई अधिकारियों को नियुक्त किया गया था। जब भी किसी किसान को अपनी मूँगफली कंपनी को बेचनी होती, तो उसे पहले इन अधिकारियों में से एक के पास उसका नमूना लाना होता, जो उनमें से कुछ का परीक्षण करके यह तय करता कि उनमें से कितना तेल निकाला जा सकता है; और फिर इसके आधार पर उस विशेष किसान की मूँगफली के मूल्य को तय किया जाता। यह बिल्कुल ऐसा था, जैसे कोई गृहिणी बाजार में भिंडी खरीदने के दौरान उसकी गुणवत्ता जाँचने के लिए उसके ऊपरी सिरे को काटकर देखे! यह किसी भी तरह से वैज्ञानिक नहीं था।

अब, इस प्रणाली की अपनी कई कमियाँ भी थीं। यह किसी अधिकारी के अनुभव पर निर्भर करता था कि वो किसी विशेष प्रकार की मूँगफली से निकाले जानेवाले तेल की मात्रा को कितनी पर्याप्तता और ठीक तरीके से आँक सकता है। इसके अलावा यह प्रक्रिया उस अधिकारी के स्वास्थ्य,

उसकी मनोस्थिति और उस समय विशेष पर उस किसान के साथ संबंधों पर निर्भर करती थी। इसके अलावा, कोई अधिकारी अपने पूर्वग्रह से भी प्रभावित हो सकता है और हो सकता है कि वो मूँगफली के दाम जितने होने चाहिए, उससे कम या अधिक भी कर सकता है। इसके अलावा, रिश्वत के लिए और दिए जाने की भी उम्मीद थी कि अगर किसान उसकी मुट्ठी गरम करने से इनकार कर दे तो वो माल की कीमत कम कर सकता था और धन या वस्तु के रूप में रिश्वत मिलने पर उसके दाम बढ़ा भी सकता था। इस बात की भी पूरी संभावना थी कि कोई अधिकारी इस दिशा में अपनी शक्ति का दुरुपयोग कर सकता है, क्योंकि अधिकांश मौकों पर उसके द्वारा लिया जानेवाला निर्णय ही अंतिम और निर्णायक होता था।

> ***अजीम ने इस प्रक्रिया में प्रौद्योगिकी का प्रयोग करने का फैसला किया, ताकि मूँगफली की गुणवत्ता को कुछ निश्चित मानकों के आधार पर तय किया जा सके, न कि किसी अधिकारी की मर्जी पर। उन्होंने एक नई प्रणाली की शुरुआत की, जिसके तहत किसी उत्पाद को मशीनों और प्रयोगशालाओं के जरिए जाँचा जाना था, न कि व्यक्तियों द्वारा।***

अजीम ने इस प्रक्रिया में प्रौद्योगिकी का प्रयोग करने का फैसला किया, ताकि मूँगफली की गुणवत्ता को कुछ निश्चित मानकों के आधार पर तय किया जा सके, न कि किसी अधिकारी की मर्जी पर। उन्होंने एक नई प्रणाली की शुरुआत की, जिसके तहत किसी उत्पाद को मशीनों और प्रयोगशालाओं के जरिए जाँचा जाना था, न कि व्यक्तियों द्वारा। इस नई प्रणाली को अपनाए जाने के साथ कि किसी भी उत्पाद के बदले दिया जानेवाला दाम उसके लायक है, जिससे रिश्वत और गलतफहमी का डर पूरी तरह से दूर हो गया। अब बेहतर गुणवत्ता नियंत्रण भी किया जाना संभव था।

इस प्रणाली को अपनाए जाने के परिणामस्वरूप पुरानी प्रणाली की विसंगतियाँ भी सामने आने लगीं। इससे आपूर्तिकर्ताओं को संतुष्ट करने

में भी मदद मिली। यह सिर्फ इस बात का एक उदाहरण है कि अजीम ने बिल्कुल प्रारंभिक स्तर से ही कंपनी में कैसे नवाचारों और बदलावों को लाने का प्रयास किया।

अजीम कंपनी के सभी पहलुओं में प्रौद्योगिकी को अपनाने के पक्ष में थे, लेकिन वो यह भी जानते थे कि श्रमिकों पर इसका प्रतिकूल प्रभाव भी पड़ सकता है; और कई बार यह नौकरियों को छोड़ देने का रूप भी ले सकता है, हालाँकि वे अपने कर्मचारियों को प्रेम करते थे। उनके साथ अकसर बातचीत करते थे और उन्होंने यह सुनिश्चित किया कि प्रणाली में मशीनों का समावेशन किसी भी पद को कम करने के स्थान पर कंपनी में काम करने की स्थितियों में सुधार ही करेगा। इसके लिए यह आवश्यक था कि कंपनी के दायरे में तेजी से विस्तार किया जाए। इस प्रकार के व्यवहार ने कर्मचारियों को उनके काफी करीब ला दिया, जिसका आनेवाले दिनों में सकारात्मक प्रभाव पड़ना लाजिमी था।

अजीम कंपनी के सभी पहलुओं में प्रौद्योगिकी को अपनाने के पक्ष में थे, लेकिन वो यह भी जानते थे कि श्रमिकों पर इसका प्रतिकूल प्रभाव भी पड़ सकता है; और कई बार यह नौकरियों को छोड़ देने का रूप भी ले सकता है, हालाँकि वे अपने कर्मचारियों को प्रेम करते थे।

इसके अलावा, अजीम ने कंपनी और अन्य स्थानों पर काम करने की स्थितियों पर भी ध्यान दिया। उन्होंने सभी अभिलेखों पर पैनी नजर रखी और सभी अभिलेखों को सांख्यिकीय रूप में माँगा। उन्होंने विभिन्न विभागों से नियतकालीन विवरणियाँ भी चाहीं। उन्होंने उनमें सुधार के तरीके जानने के लिए उनका बारीकी से अध्ययन किया। इस अध्ययन के दौरान ही उनका ध्यान इस बात की ओर गया कि गरमियों के दौरान उत्पादन में भारी गिरावट हो जाती थी। वे इसका कारण जानना चाहते थे। उन्होंने यह पाया कि उस दौरान न तो आपूर्ति में कोई कमी आती थी और न ही उस मौसम में माँग

में कोई कमी आती थी। फिर इसके पीछे क्या कारण हो सकता था? उन्होंने इसका कारण जानने के लिए अमलनेर जाने का फैसला किया।

अमलनेर का कारखाना ऊष्णकटिबंधीय क्षेत्र में स्थित है, जहाँ का तापमान गरमियों के मौसम के दौरान काफी अधिक हो जाता है। उन्होंने देखा कि गरमियों के महीनों के दौरान परिसर बहुत अधिक गरम हो जाता है, जिसके चलते श्रमिकों के लिए लंबे समय तक आराम करना आवश्यक हो जाता है। क्योंकि वहाँ मौजूद मशीनें वातावरण को और अधिक गरम बना देती हैं। वे वहाँ पर कुछ महीनों के लिए रुके, ताकि इस परेशानी को व्यक्तिगत रूप से अनुभव कर सकें और यह भी तय कर सकें कि क्या किए जाने की आवश्यकता है? उन्होंने गरमी के मौसम में श्रमिकों को राहत देने के लिए कई कदम उठाए। उन्होंने दीवारों की मोटाई बढ़वाई, टिन की छतों पर जूट के अतिरिक्त शेड डलवाए और जहाँ भी संभव हो सकता था, वहाँ पंखे और कूलर भी लगवाए। इससे श्रमिकों को बहुत अधिक राहत मिली और इसका उत्पादन पर भी बेहद सकारात्मक प्रभाव पड़ा। इन उपायों ने यह सुनिश्चित किया कि आनेवाले वर्षों में गरमी के मौसम में उत्पादन कभी कम नहीं हुआ।

अमलनेर का कारखाना ऊष्णकटिबंधीय क्षेत्र में स्थित है, जहाँ का तापमान गरमियों के मौसम के दौरान काफी अधिक हो जाता है। उन्होंने देखा कि गरमियों के महीनों के दौरान परिसर बहुत अधिक गरम हो जाता है, जिसके चलते श्रमिकों के लिए लंबे समय तक आराम करना आवश्यक हो जाता है।

जब श्रमिकों के कल्याण के लिए कुछ कदम उठाए जाते हैं तो वे अधिक बेहतर तरीके से और अधिक निष्ठा के साथ काम करते हैं। यहाँ तक कि श्रमिकों को भी इस बात का अहसास हुआ कि प्रौद्योगिकी को अपनाने से कंपनी और श्रमिकों दोनों को ही फायदा पहुँचा है। विशेष रूप से कारखाने में काम करनेवाले श्रमिकों ने पाया कि उनके सामने आनेवाला जोखिम काफी

हद तक कम हो गया है। इसके नतीजतन प्रबंधन और कर्मचारियों के बीच बेहतर सामंजस्यपूर्ण और सौहार्दपूर्ण संबंध बने।

लेकिन नवाचार और सुधार की प्रक्रिया सिर्फ यहीं तक नहीं रुकी, अब उन्होंने अपना ध्यान अपने उपभोक्ताओं पर केंद्रित किया। कोई भी व्यापार तब तक बिल्कुल बेकार है, जब तक कि उसके पास बड़ी संख्या में संतुष्ट उपभोक्ता मौजूद नहीं हैं। अजीम को महसूस हुआ कि उन्हें अपने उपभोक्ताओं की वफादारी जीतने के लिए उन्हें संतुष्ट करना आवश्यक है, इसलिए उन्होंने उनका अध्ययन करना प्रारंभ किया। उन्होंने पाया कि कंपनी का उपभोक्ताओं के साथ सीधा संपर्क नहीं था, इसलिए उन्हें पता ही नहीं था कि उनके उत्पादों को लेकर उपभोक्ताओं की क्या राय है? जैसा कि हम पूर्व में चर्चा कर चुके हैं, निर्माता और अंतिम उपयोगकर्ता के बीच बिचौलियों की एक पूरी फौज मौजूद थी और अब उनके सामने सबसे बड़ी चुनौती बिचौलियों की इस संख्या को पूरी तरह से खत्म करना तो नहीं, लेकिन कम करना था, ताकि कंपनी को उपभोक्ताओं के दिमाग तक बेहतर पहुँच मिल सके। इससे कंपनी को अपनी नीतियों को विकसित करने और लोकप्रिय माँगों के अनुसार अपने उत्पादों को आकार देने में मदद मिलेगी। जैसा कि हम आपको उनके द्वारा उठाए गए एक कदम के बारे में बता चुके हैं, जो उत्पादों के छोटे पैक लाने का था, ताकि उपभोक्ता को बिल्कुल वही मात्रा प्राप्त हो, जिसका उसने भुगतान किया है। इससे उत्पाद में मिलावट की किसी भी संभावना को कम करने में काफी मदद मिली। पाउच, जिसे गरीब लोग दैनिक या फिर साप्ताहिक आधार पर खरीद सकते थे, के प्रवेश ने कंपनी के लिए उपभोक्ताओं का एक बिल्कुल नया ही आधार तैयार

> ***लेकिन नवाचार और सुधार की प्रक्रिया सिर्फ यहीं तक नहीं रुकी, अब उन्होंने अपना ध्यान अपने उपभोक्ताओं पर केंद्रित किया। कोई भी व्यापार तब तक बिल्कुल बेकार है, जब तक कि उसके पास बड़ी संख्या में संतुष्ट उपभोक्ता मौजूद नहीं हैं।***

कर दिया, जो खरीदते तो कम मात्रा में थे, लेकिन उनकी संख्या इतनी बड़ी थी कि बिक्री में भारी बढ़ोतरी दर्ज की गई। उत्पाद के सस्ता होने से उपभोक्ता को भी फायदा हुआ; इसके अलावा मिलावट की किसी भी संभावना या फिर अस्वास्थ्यकर परिस्थितियों में भंडारण के मौके भी बेहद कम हो गए।

अजीम खुदरा प्रणाली को अपनाकर बिचौलियों की संख्या को काफी हद तक कम करने में सफल रहे, जिसमें कंपनी ने खुदरा विक्रेताओं को उत्पाद सीधे वितरित किए और इस प्रकार से बड़ी कमाई करनेवाले बिचौलिए किनारे हो गए। इसके परिणामस्वरूप उपभोक्ताओं के लिए कीमत कम हो गई, जबकि कंपनी को होनेवाला मुनाफा बढ़ गया। इसके अलावा, अब वितरण प्रणाली की कमान सीधे तौर पर कंपनी के हाथों में थी। इस प्रणाली के फायदे देना प्रारंभ कर देने के बाद, अजीम ने स्वतंत्र वितरण और बिक्री विभाग शुरू किए।

अजीम खुदरा प्रणाली को अपनाकर बिचौलियों की संख्या को काफी हद तक कम करने में सफल रहे, जिसमें कंपनी ने खुदरा विक्रेताओं को उत्पाद सीधे वितरित किए और इस प्रकार से बड़ी कमाई करनेवाले बिचौलिए किनारे हो गए।

पूर्ववर्ती चर्चा से, हम यह देख सकते हैं कि अजीम की सोच इस बात को लेकर बिल्कुल स्पष्ट थी कि वे अपनी कंपनी के कामकाज के प्रत्येक पहलू को बेहतर बनाने में कैसे मदद कर सकते हैं। उन्होंने एक ऐसे सिद्धांत को विकसित किया, जिसके आधार पर वे अच्छी तरह से काम कर सकते थे, अपने संसाधनों का पर्याप्त प्रबंधन कर सकते थे और अपने कर्मचारियों को सार्थक कामों में लगा सकते थे। इससे यह भी सुनिश्चित हुआ कि अपव्यय में कमी आई और यह भी सुनिश्चित हुआ कि सभी कर्मचारी निष्ठा के साथ और समर्पित होकर काम करें और उन्हें उनके प्रयासों के लिए उपयुक्त रूप से पुरस्कृत भी किया गया।

यह एक बेहद महत्त्वपूर्ण अध्याय है, क्योंकि यह उस चरण के बारे में

बताता है, जब अजीम एक बिजनेस टाइकून बनने की प्रक्रिया में थे, इसलिए मुझे लगता है कि हमने इस चर्चा के दौरान जो कुछ भी सीखा है, उसे संक्षेप में प्रस्तुत करने की आवश्यकता है, ताकि उनकी प्रारंभिक रणनीति उन पाठकों के लिए फायदेमंद साबित हो सके, जो उनकी जगह पर खुद को देखना चाहते हैं—

सबसे पहले तो अजीम ने कच्चे माल, उनकी गुणवत्ता और मात्रा, उन्हें खरीदने की लागत, उनके मूल्यांकन और इस पूरी प्रक्रिया को कैसे और कितना वैज्ञानिक बनाया जा सकता है, इसपर ध्यान केंद्रित किया, ताकि वे जो कीमत चुका रहे हैं, उसके बदले प्राप्त होनेवाली गुणवत्ता और मात्रा को लेकर सुनिश्चित हो सकें और साथ ही उनके आपूर्तिकर्ता भी संतुष्ट हों।

दूसरे, उन्होंने उत्पादन की प्रक्रिया पर ध्यान दिया। क्या यह नवीनतम तरीका था या तकनीकी क्षेत्र में हो रहे नए विकास के आलोक में इसमें संशोधन की आवश्यकता थी ? क्या प्रक्रियाओं के अपग्रेड होने की कोई संभावना थी और अगर हाँ, तो कैसे ?

दूसरे, उन्होंने उत्पादन की प्रक्रिया पर ध्यान दिया। क्या यह नवीनतम तरीका था या तकनीकी क्षेत्र में हो रहे नए विकास के आलोक में इसमें संशोधन की आवश्यकता थी? क्या प्रक्रियाओं के अपग्रेड होने की कोई संभावना थी और अगर हाँ, तो कैसे?

तीसरा, उत्पाद अंतिम उपयोगकर्ता की अपेक्षा और आवश्यकता के अनुरूप होना चाहिए। इसकी पैकिंग, डिजाइन और उत्पादन ऐसा होना चाहिए, जिससे उसकी जरूरतें प्रभावी तरीके से पूरी होती हों और उसके दीर्घकालिक विश्वास को जीता जा सके। इसका मतलब यह भी था कि उपभोक्ताओं के विषय में अधिक डाटा को इकट्ठा किया जाना चाहिए; उदाहरण के लिए, उपभोक्ताओं का एक वर्ग कितना खरीदता है, उपभोक्ता कितनी बार खरीदते हैं और लंबे समय में कीमत उन्हें कैसे प्रभावित करती है?

चौथा, बिक्री और वितरण में महत्त्वपूर्ण प्रक्रियाओं को संभावित उपभोक्ताओं की ओर निर्देशित किया जाना चाहिए और लागत को कम करने

का प्रयास किया जाना चाहिए, ताकि उत्पाद बाजार की प्रतिस्पर्धा में डटे रह पाएँ। इस काम को यह सुनिश्चित करने के लिए किया गया था, ताकि माँग और आपूर्ति के बीच पर्याप्त संतुलन बना रहे।

पाँचवाँ, उन्होंने उन सभी लोगों पर ध्यान दिया, जो कंपनी के कामकाज से सीधे जुड़े हुए थे; या तो स्टाफ के सदस्य के रूप में या फिर ठेकेदार/आपूर्तिकर्ता/बिचौलिए/वितरक आदि। वे उचित तरीके से उनके कल्याण पर ध्यान देना चाहते थे।

हम इस निष्कर्ष पर पहुँच सकते हैं कि अजीम के सिद्धांतों ने व्यापार के सभी पहलुओं को अंतर्निहित किया। उन्होंने सभी संबद्ध लोगों को सवाल उठाने, चर्चा प्रारंभ करने और यहाँ तक कि अगर किसी संदेह को दूर किया जाना है या किसी प्रक्रिया को संशोधित करना है, तो उस स्थिति में, उन तक पहुँचने के लिए प्रोत्साहित किया। उनका एकमात्र उद्‌देश्य प्रणाली को परिष्कृत और सुधारते हुए आधुनिक बनाना था। इन सभी परिवर्तनों को लागू करने में करीब तीन वर्ष का समय लगा और हर कोई इसके प्रभाव को अपनी आँखों से देख सकता था। कंपनी के मुनाफे में वृद्धि होनी शुरू हो गई और इसकी साख बढ़ती ही जा रही थी। इसके परिणामस्वरूप कंपनी का उन लोगों की नजरों में और भी अच्छा होना तय हो गया, जिनका कंपनी के साथ थोड़ा-बहुत भी लेना-देना था, जिनमें निवेशक भी शामिल थे।

□

पंखों को फैलाना

अजीम प्रेमजी को अपने तेल के कारोबार को एक आदर्श स्तर तक पहुँचाने में करीब तीन साल का समय लगा। वे इसे अपने उस सिद्धांत के चलते पूरा करने में सफल रहे, जिसके तहत उन्होंने कंपनी के विभिन्न पहलुओं पर ध्यान दिया और नए सिद्धांतों के तहत निहित कार्यों को करने के तरीके प्रस्तुत किए, जिन्हें वे आत्म-अध्ययन के बाद विकसित करने में सफल रहे थे, जो उन्होंने अपने व्यस्त कार्यक्रम से खाली समय निकालकर अधिकतम प्रयास करने के बाद पाया था। कुछ ही सालों में कंपनी उन झटकों को पीछे छोड़ने में सफल रही, जो उसे एम.एच. प्रेमजी के निधन के परिणामस्वरूप लगे थे और कंपनी की हालत में सुधार दिखाई देने लगा। उन्होंने कंपनी के जिन विभिन्न पहलुओं पर विशेष रूप से ध्यान केंद्रित किया, उनमें सिर्फ कामकाज ही शामिल नहीं था, बल्कि कर्मचारियों का प्रशिक्षण भी शामिल था। उन्होंने उत्पादों को पूरी तरह से बदल दिया और हाल के समय में भारत सहित दुनिया के दूसरे भागों में प्रचलित नवीनत शोधों और सिद्धांतों के अनुसार कंपनी को संचालित होने में सक्षम बनने के लिए पेशेवरों की सेवाएँ लीं। उन्होंने यह सुनिश्चित किया कि उत्पादन और वितरण में अपव्यय कम-से-कम हो और इसका लाभ उपभोक्ताओं को मिले। उन्होंने अपने उत्पादों को अंतिम उपयोगकर्ताओं की आवश्यकताओं के अनुरूप ढाला, जिसने

उनके उत्पादों को उपभोक्ताओं का विश्वास जीतने में मदद की; और इसने निष्ठा का विस्तार किया।

कंपनी के साथ अपने प्रारंभिक वर्षों में उन्होंने जिस प्रकार की नींव रखी, उससे उन्हें प्रशासनिक क्षेत्र के साथ-साथ उत्पादों के क्षेत्र में भी अपने पंख फैलाने में मदद मिली। अब उन्हें यह महसूस हुआ कि अपने खाते में नई वस्तु-सूची जोड़ने का समय आ गया है। उन्होंने इसके लिए उत्पादों को तलाशा, जिन्हें आसानी से कंपनी के प्रोफाइल में जोड़ा जा सके और मौजूदा थोक विक्रेता, वितरक और खुदरा विक्रेता आसानी से जिसका प्रबंधन कर सकने में सक्षम हों।

कंपनी के साथ अपने प्रारंभिक वर्षों में उन्होंने जिस प्रकार की नींव रखी, उससे उन्हें प्रशासनिक क्षेत्र के साथ-साथ उत्पादों के क्षेत्र में भी अपने पंख फैलाने में मदद मिली। अब उन्हें यह महसूस हुआ कि अपने खाते में नई वस्तु-सूची जोड़ने का समय आ गया है।

विभिन्न क्षेत्रों में सामने आनेवाले नए विचारों के संकेत को समझते हुए अजीम ने नए प्रकार के साक्षात्कार प्रारंभ किए, जिसमें उम्मीदवारों का सामना समस्याओं से करवाया जाता, ताकि उनकी प्रतिक्रियाओं को जाना जा सके। उन्होंने ऐसा करने के महत्त्व को जान लिया था। उन्होंने महसूस किया कि उनके पिता और दादा कंपनी के विभिन्न पहलुओं पर खुद गौर कर सकते थे, क्योंकि उसका दायरा अब तक सीमित था; लेकिन अब उनका ध्येय कंपनी को विस्तार देते हुए बड़ा करने का था और वे खुद विभिन्न विभागों के कामकाज पर ध्यान नहीं दे सकते थे; इसलिए उन्हें खुद ऐसे विभिन्न पेशेवरों की मदद की दरकार थी, जो अपने विभागों को कुशलतापूर्वक और स्वतंत्र रूप से प्रबंधित कर सकें।

इस प्रक्रिया का पालन करने से कंपनी को बहुत फायदा मिला। उन्होंने इन पेशेवरों को शक्तियाँ सौंप दीं और उन्हें अपनी मनमर्जी के मुताबिक काम करने की स्वतंत्रता दी। इस भरोसे के परिणामस्वरूप उन लोगों का प्रदर्शन

बेहतरीन रहा, जिन्हें कंपनी के पदानुक्रम में प्रथम उत्तरार्ध में स्थान दिया गया था। उनमें प्रदर्शित किए गए विश्वास ने उन्हें अपने संबंधित क्षेत्रों में अच्छा प्रदर्शन करने के लिए मजबूर किया।

अजीम ने महसूस किया कि प्रबंधकों और सुपरवाइजरों को स्वतंत्रता प्रदान करने के पीछे का उनका विचार उनके इस सिद्धांत में निहित था कि एक बार कर्तव्यों की व्याख्या कर देने के बाद उनपर कड़ी नजर रखना न सिर्फ उन्हें असहज महसूस करवाएगा, बल्कि इससे अविश्वास की एक भावना भी पैदा हो सकती है; हालाँकि यह भी आवश्यक है कि उन्होंने यह सुनिश्चित किया कि सभी संबंधित लोग कंपनी की नैतिकता और विचारधारा के आधार पर ही काम करें और अच्छा प्रदर्शन करके दिखाएँ। उन्होंने इसके लिए उनसे समय-समय के अंतराल पर रिटर्न और रिकॉर्ड माँगे। इन आँकड़ों से उन्हें इस बात का अंदाजा हो गया कि किसी विशेष विभाग ने कैसा काम किया और कंपनी के प्रदर्शन पर इसका क्या प्रभाव पड़ा।

> ***अजीम ने महसूस किया कि प्रबंधकों और सुपरवाइजरों को स्वतंत्रता प्रदान करने के पीछे का उनका विचार उनके इस सिद्धांत में निहित था कि एक बार कर्तव्यों की व्याख्या कर देने के बाद उनपर कड़ी नजर रखना न सिर्फ उन्हें असहज महसूस करवाएगा, बल्कि इससे अविश्वास की एक भावना भी पैदा हो सकती है।***

इसके अलावा, अजीम ने यह भी सुनिश्चित किया कि प्रत्येक विभाग दूसरे विभागों के साथ पूर्ण सहयोग करते हुए काम करे, ताकि कंपनी को पूर्ण रूप से उसका लाभ प्राप्त हो सके। उन्होंने यह भी महसूस किया कि सभी निर्णय सिर्फ शीर्ष पदों पर बैठे कुछ चुनिंदा लोगों द्वारा ही नहीं लिये जाने चाहिए, बल्कि संबंधित सभी लोगों को निर्णय लेने की प्रक्रिया का हिस्सा बनाया जाना चाहिए। इस सोच को अमल में लाने के लिए उन्होंने एक नई तकनीक का प्रयोग प्रारंभ किया, जिसे सामान्यतया 'क्यू.एम.आई.' या फिर 'क्विक मैनेजमेंट इन्वेस्टमेंट' कहा

जाता है। इसके तहत, यह घोषणा की गई कि प्रत्येक सोमवार को 'क्यू. एम.आई.' की एक बैठक आयोजित की जाएगी, जिसमें सभी शाखाओं या फिर कारखानों के प्रबंधकों को मुख्यालय या फिर अजीम द्वारा नियत की गई टीम से व्यक्तिगत रूप से संपर्क साधना होगा और उनसे संबंधित पहलुओं से जुड़े विभिन्न पहलुओं पर बात करनी होगी, जिनमें प्रगति, बाधाएँ और प्रस्ताव शामिल होंगे। अजीम कई बार खुद ही इस प्रक्रिया का हिस्सा बने, जिसने यह सुनिश्चित किया कि प्रबंधक इस प्रक्रिया को लेकर सतर्क हो जाएँ और खुद को पूरी ईमानदारी के साथ तैयार करें।

यह प्रणाली समय के साथ एक अच्छी तरह से प्रबंधित प्रणाली के रूप में विकसित हो गई, जिसमें प्रत्येक प्रबंधक से यह उम्मीद की जाती थी कि वो एक विस्तृत रपट प्रस्तुत करे, जिसमें वे सभी गतिविधियाँ शामिल हों, जिन्हें निकट भविष्य के लिए तैयार किया गया है, वो भी कंपनी के दीर्घकालिक लक्ष्यों से भटके बिना।

यह प्रणाली समय के साथ एक अच्छी तरह से प्रबंधित प्रणाली के रूप में विकसित हो गई, जिसमें प्रत्येक प्रबंधक से यह उम्मीद की जाती थी कि वो एक विस्तृत रपट प्रस्तुत करे, जिसमें वे सभी गतिविधियाँ शामिल हों, जिन्हें निकट भविष्य के लिए तैयार किया गया है, वो भी कंपनी के दीर्घकालिक लक्ष्यों से भटके बिना।

जब किसी चीज को मात्रात्मक शब्दों में प्रस्तुत किया जाता है, तो संख्याओं की व्याख्या करना आसान हो जाता है और यह संख्याएँ विभिन्न पहलुओं से संबंधित होती हैं, जैसे प्रत्येक ग्रेड में उत्पादों की मात्रा, व्यय, लाभ, वितरण, उत्पादन में बाधाएँ, वितरण और बिक्री और अन्य पहलू। इन रिपोर्टों में उन प्रस्तावों को भी शामिल किया जाना था, जो कंपनी की संभावनाओं को बढ़ाने में मदद कर सकते हैं और उन बाधाओं को कम कर सकते हैं, कंपनी जिनका सामना किसी विशेष क्षेत्र में कर रही है।

अगर कोई मामला ऐसा होता, जिसका संबंध एक से अधिक विभागों के साथ होता तो वरिष्ठ अधिकारी हस्तक्षेप करते और विभिन्न विभागों के बीच उपयुक्त तारतम्यता सुनिश्चित करते, ताकि कंपनी के उद्देश्यों को गंभीरता से पूरा किया जा सके। अजीम ने कंपनी में एक ऐसी संस्कृति को तैयार किया, जो किसी भी बाधा का सामना उनके हस्तक्षेप के बिना कर सकती थी। उन्होंने खुद इसमें से कई मामलों पर चर्चा की और कई बार तो उन्होंने इस विषय में खुद उन लोगों के साथ चर्चा की, जो प्रबंधन के पदानुक्रम में काफी नीचे पदों पर पदस्थ थे। उन्हें वस्तुस्थिति से अवगत होने के लिए कारखाने के सबसे निचले स्तर के कर्मचारी के साथ बातचीत करते हुए भी देखा जा सकता था।

प्रत्येक क्यू.एम.आई. के तहत आवधिक प्रक्रियाएँ समाप्त होने के बाद, अजीम प्रत्येक कारक का मूल्यांकन करते और अपनी टिप्पणी देते। इन टिप्पणियों ने कर्मचारियों के प्रदर्शन को बेहतर ढंग से बढ़ाने में मदद करने के लिए एक ठोस आधार तैयार करने का काम किया।

क्यू.एम.आई. की बैठकों के परिणामस्वरूप विभिन्न कर्मचारियों को उच्च प्रबंधन के संपर्क में रहने में मदद मिली, जिनमें अजीम खुद भी शामिल थे। इसने विभिन्न लोगों के बीच समन्वय, सहयोग, सामंजस्य और विश्वास पैदा किया और इसका सीधा परिणाम कंपनी के प्रदर्शन के लिए लाभप्रद रहा। इसने एक टॉनिक की तरह काम किया।

क्यू.एम.आई. की बैठकों के परिणामस्वरूप विभिन्न कर्मचारियों को उच्च प्रबंधन के संपर्क में रहने में मदद मिली, जिनमें अजीम खुद भी शामिल थे। इसने विभिन्न लोगों के बीच समन्वय, सहयोग, सामंजस्य और विश्वास पैदा किया और इसका सीधा परिणाम कंपनी के प्रदर्शन के लिए लाभप्रद रहा। इसने एक टॉनिक की तरह काम किया।

इसके अलावा, इन क्यू.एम.आई. बैठकों ने अजीम को भी अपने

कर्मचारियों की क्षमता का मूल्यांकन करने का अवसर प्रदान किया। उन्होंने इन बैठकों के दौरान प्रत्येक विभाग और उनके प्रबंधकों के लिए लक्ष्य निर्धारित किए और इस बात पर बेहद बारीक नजर रखी कि कहीं इनमें से कोई अपनी क्षमता या पात्रता को कम करके तो नहीं आँक रहा है! अगर उनका ध्यान ऐसी किसी बात की ओर जाता, तो वे उसके पीछे के कारणों को जानने का प्रयास करते और उसका समाधान निकालने की कोशिश करते। उन्होंने अकसर उच्च लक्ष्य निर्धारित करने के लिए प्रोत्साहित और प्रेरित किया, क्योंकि इससे उनके प्रदर्शन को बढ़ावा मिल सकता था।

अजीम समय के साथ जिस सिद्धांत को विकसित कर रहे थे, वो यह सुनिश्चित कर रहा था कि कंपनी प्रगति के पथ पर अग्रसर हो। वे खुद कोई बहुत होनहार छात्र या इंजीनियर नहीं रहे थे; उन्होंने प्रबंधन की पढ़ाई नहीं की थी; लेकिन उनका अनुभव अब उन्हें एक पेशेवर प्रबंधक के रूप में ढाल रहा था।

अजीम समय के साथ जिस सिद्धांत को विकसित कर रहे थे, वो यह सुनिश्चित कर रहा था कि कंपनी प्रगति के पथ पर अग्रसर हो। वे खुद कोई बहुत होनहार छात्र या इंजीनियर नहीं रहे थे; उन्होंने प्रबंधन की पढ़ाई नहीं की थी; लेकिन उनका अनुभव अब उन्हें एक पेशेवर प्रबंधक के रूप में ढाल रहा था, जो चीजों का अनुमान लगा सकता था और उनमें से ऐसे बिंदुओं को छाँट सकता था, जिनकी सहायता से वे अपनी कंपनी को सहारा दे सकते थे। उन्होंने महसूस किया कि वे सिर्फ प्रेरणा और विश्वास के माध्यम से ही कंपनी की संभावनाओं को बेहतर कर सकते हैं; और यह सोच आनेवाले दिनों में उनकी सबसे बड़ी पूँजी साबित होने जा रही थी।

अजीम यह चाहते थे कि कंपनी आगे बढ़े और अधिक मुनाफा कमाए, ताकि उसकी विस्तार की योजनाओं को अमल में लाया जा सके; लेकिन ऐसा करने के दौरान उन्होंने कभी ईमानदारी का दामन नहीं छोड़ा। उनके दिमाग में यह बात बिल्कुल स्पष्ट थी कि 'ईमानदारी ही सबसे अच्छी नीति है' और वे

किसी भी सूरत में इस राह से भटकनेवाले नहीं थे।

उस दौरान जब अजीम अपनी कंपनी के लिए उच्च और व्यापक लक्ष्यों की ओर नजरें गड़ाए बैठे थे, देश उस समय लाइसेंस राज के दंश को झेल रहा था, जो पूरी तरह से भ्रष्ट प्रणाली थी और जिसमें सरकारी विभागों को रिश्वत दिए बिना कोई काम नहीं करवाया जा सकता था। उस दौर के कई उद्योगपतियों ने मुट्ठी गरम करके अपने व्यापार को विस्तारित किया; और इसमें कई जाने-माने नाम भी शामिल थे, लेकिन अजीम ने ईमानदारी की राह पर चलते हुए अपने लक्ष्यों को पाना चुना। उन्होंने कहा कि वे अनैतिक तरीकों को नहीं अपनाएँगे, चाहे उन्हें विफलता का सामना ही क्यों न करना पड़े। उनसे जब भी किसी ऐसी चीज की माँग की जाती, जो उनकी नजरों में अनैतिक थी, तो वे उसे सिरे से ही नकार देते। उनका मानना था कि सिद्धांतों को त्यागने का मतलब होगा, अपनी कंपनी के माहौल को बिगाड़ना और ऐसा करने से उनके कर्मचारियों को इस प्रकार के भ्रष्ट आचरण में शामिल होने का बहाना मिल सकता है।

यह दिखाने का बहुत ही अच्छा उदाहरण है कि वे ईमानदारी के साथ कितनी गंभीरता से जुड़े हुए थे। उन्होंने एक बार, एक नए कारखाने के लिए बिजली का कनेक्शन लेने हेतु आवेदन किया, लेकिन उनसे रिश्वत की माँग की गई, जब इस बात को अजीम के संज्ञान में लाया गया तो उन्होंने ऐसा करने से बिल्कुल मना कर दिया, चाहे उन्हें कनेक्शन मिले या न मिले।

यह दिखाने का बहुत ही अच्छा उदाहरण है कि वे ईमानदारी के साथ कितनी गंभीरता से जुड़े हुए थे। उन्होंने एक बार, एक नए कारखाने के लिए बिजली का कनेक्शन लेने हेतु आवेदन किया, लेकिन उनसे रिश्वत की माँग की गई, जब इस बात को अजीम के संज्ञान में लाया गया तो उन्होंने ऐसा करने से बिल्कुल मना कर दिया, चाहे उन्हें कनेक्शन मिले या न मिले। जब चीजें काबू में नहीं आईं, तो अजीम ने बिजली की आपूर्ति के लिए एक निजी

कंपनी से संपर्क करने का फैसला किया, जो थोड़ा महँगा जरूर साबित हो सकता था, लेकिन फिर भी वे सरकारी विभाग का रुख करने के बजाय इसे लेने की दिशा में आगे बढ़े।

अजीम को बताया गया कि यह कदम उनके उत्पादों को महँगा कर सकता है और हो सकता है कि इस वजह के चलते वे प्रतिस्पर्धा से बाहर भी हो जाएँ, लेकिन उन्होंने इस बात पर जरा भी ध्यान नहीं दिया। उनका बेहद दृढ़ता के साथ यह मानना था कि मौद्रिक लाभ के लिए या अपने उत्पादों को प्रतिस्पर्धा में बनाए रखने के लिए वो अपनी विचारधारा को नहीं छोड़ सकते। वो इससे जरा भी चिंतित नहीं थे।

विप्रो पहले से ही वनस्पति तेल और घी का निर्माण कर रहा था और अजीम ने कपड़े धोने के साबुन और पाउडर जैसे अन्य उत्पादों में भी विस्तार करने की सोची। उनके परिवार के सदस्यों और मित्रों ने उनके इस कदम का यह कहते हुए विरोध किया कि वे अनावश्यक जोखिम उठा रहे हैं और साथ ही यह भी कहा कि कंपनी पहले से ही अच्छा प्रदर्शन कर रही है और नए उत्पादों को लाने से उनपर और अधिक दबाव आ सकता है। जो उन्हें अपने कॅरियर के उस पड़ाव पर बिल्कुल भी नहीं लेना चाहिए; लेकिन उन्होंने अपने निर्णय पर टिके रहने का फैसला किया, क्योंकि उन्हें अपने भीतर आत्मविश्वास की एक बिल्कुल नई लहर महसूस हुई।

विप्रो पहले से ही वनस्पति तेल और घी का निर्माण कर रहा था और अजीम ने कपड़े धोने के साबुन और पाउडर जैसे अन्य उत्पादों में भी विस्तार करने की सोची। उनके परिवार के सदस्यों और मित्रों ने उनके इस कदम का यह कहते हुए विरोध किया कि वे अनावश्यक जोखिम उठा रहे हैं और साथ ही यह भी कहा कि कंपनी पहले से ही अच्छा प्रदर्शन कर रही है और नए उत्पादों को लाने से उनपर और अधिक दबाव आ सकता है।

उस आलोचना में भी काफी हद तक सच्चाई शामिल थी। उस समय, साबुन के व्यापार पर हिंदुस्तान लीवर सहित कई बड़ी कंपनियों का एकाधिकार था और बाजार में उनका मुकाबला करने के लिए भागीरथ प्रयासों की आवश्यकता थी। सच्चाई यह रही कि इस खंड में विप्रो की बिक्री का स्तर बाकी की कंपनियों के मुकाबले काफी छोटा रहा। कड़ी प्रतिस्पर्धा के दौर में विप्रो के उत्पादों को लोकप्रिय बनाना एक बड़ी बाधा साबित होने जा रहा था, हालाँकि विप्रो बाजार पर कब्जा करने में तो सफल नहीं हुआ, लेकिन निश्चित रूप से अपना प्रभाव छोड़ने में जरूर सफल रहा।

अजीम उत्पादों की एक पूरी श्रृंखला शुरू करना चाहते थे, ताकि उनकी कंपनी टिकी रह सके और उन्होंने साबुन के उत्पादन और वितरण को मजबूत करने पर ध्यान दिया। विप्रो ने समय के साथ बाजार में लगभग दस उत्पादों को पेश किया और उनमें से कुछ काफी लोकप्रिय साबित हुए, जबकि कुछ नहीं हुए; लेकिन कुल मिलाकर उनका यह प्रयास सफल रहा।

अजीम उत्पादों की एक पूरी श्रृंखला शुरू करना चाहते थे, ताकि उनकी कंपनी टिकी रह सके और उन्होंने साबुन के उत्पादन और वितरण को मजबूत करने पर ध्यान दिया। विप्रो ने समय के साथ बाजार में लगभग दस उत्पादों को पेश किया और उनमें से कुछ काफी लोकप्रिय साबित हुए, जबकि कुछ नहीं हुए; लेकिन कुल मिलाकर उनका यह प्रयास सफल रहा।

इस दृष्टिकोण के चलते, उन्हें जो विशिष्ट लाभ प्राप्त हुआ, वो यह था कि उनमें अब ऐसे अन्य उत्पादों में हाथ आजमाने का साहस था, जो न सिर्फ लाभदायक थे, बल्कि जिनमें वे खुद के लिए एक स्थान भी बना सकते थे। इसी वजह के चलते उन्होंने ऐसे नए उत्पादों को प्रस्तुत करने की दिशा में कदम आगे बढ़ाए, जो काफी हद तक उनके मूल व्यवसाय से बिल्कुल जुदा थे और इनमें बच्चों के उत्पाद, बिजली

और इलेक्ट्रॉनिक उपकरण, मशीनरी और चिकित्सा उपकरण और ऐसे ही अन्य उत्पादों की श्रेणी शामिल थी। उनमें से कुछ के लिए तो उन्होंने जी.ई. (जनरल इलेक्ट्रिक) सहित अन्य कंपनियों के साथ संयुक्त उद्यम की स्थापना भी की।

अजीम ऐसे उत्पादों को पेश कर रहे थे, जिनका उन्हें बेहद कम अनुभव था, लेकिन फिर भी उनके भीतर इतना अधिक आत्मविश्वास आ गया था कि वे कुछ धैर्य और प्रयास के साथ उन्हें सँभालने के लिए आवश्यक बुनियादी कार्यनीति और रणनीति सीख सकते हैं। उनके उत्पादों को भी समय के साथ बाजार में स्वीकारा जाने लगा था और उनमें से कुछ तो खासे लोकप्रिय भी थे, हालाँकि उनमें से कोई भी सर्वोच्च शिखर तक नहीं पहुँचा था; लेकिन वे जल्द ही एक ऐसा उत्पाद प्रस्तुत करने की राह पर थे, जो विप्रो को चार्ट के शीर्ष पर स्थापित करनेवाला साबित होनेवाला था।

अजीम ऐसे उत्पादों को पेश कर रहे थे, जिनका उन्हें बेहद कम अनुभव था, लेकिन फिर भी उनके भीतर इतना अधिक आत्मविश्वास आ गया था कि वे कुछ धैर्य और प्रयास के साथ उन्हें सँभालने के लिए आवश्यक बुनियादी कार्यनीति और रणनीति सीख सकते हैं।

अपने उत्पादों को लोकप्रिय बनाने के लिए अजीम ने बिक्री के काम से जुड़े ऐसे लोगों की एक श्रृंखला तैयार की, जो खुदरा विक्रेताओं के सीधे संपर्क में थे और साथ ही जिन्होंने उपभोक्ताओं की जरूरतों का सर्वेक्षण भी किया था, ताकि विशिष्ट आवश्यकताओं को पूरा करने के लिए विशिष्ट उत्पादों का निर्माण किया जा सके।

अजीम ने महसूस किया कि उस समय तक उनका प्रयास संतोषजनक साबित हुआ था और अब वे एक बड़ी छलाँग लगाने के लिए तैयार थे और इस बार, वे एक धमाके के साथ सॉफ्टवेयर बाजार में उतरने जा रहे थे।

इसके अलावा, अजीम ने यह भी महसूस किया कि कंपनी का नाम 'वेस्टर्न इंडियन प्रोडक्ट्स लिमिटेड' बोलने में बहुत लंबा था और ध्यान भी

अपनी ओर आकर्षित नहीं करता था, इसलिए उन्होंने इसे छोटा करते हुए 'विप्रो' (डब्ल्यू.आई.पी.आर.ओ.) (डब्ल्यू का मतलब वेस्टर्न, आई का मतलब इंडियन और प्रो का मतलब प्रोडक्ट) कर दिया और अब नाम बोलने और सुनने में छोटा होने के साथ प्रभावी भी लगता था।

इस अध्याय को समाप्त करने से पहले, उस छोटे से गाँव अमलनेर का उल्लेख करना बिल्कुल उपयुक्त रहेगा, जहाँ पर तेल का कारखाना स्थित था और इस पूरी प्रक्रिया के दौरान उसका भाग्य कैसे चमक गया! जैसा कि हम आपको पहले ही बता चुके हैं कि एम.एच. प्रेमजी ने 1940 के दशक के मध्य में तब अपने चावल के व्यापार से तेल के व्यवसाय में कदम रखा था, जब सरकार ने निजी कंपनियों के चावल के कारोबार करने पर रोक लगा दी थी, हालाँकि वो तेल कंपनी, जिसे तब 'वेस्टर्न इंडिया वेजीटेबल प्रोडक्ट्स लिमिटेड' कहा जाता था। शेयर बाजार में सूचीबद्ध थी, लेकिन वो निवेशकों को अपना धन लगाने के लिए उत्साहित करने में असफल रही। इसके शेयरों के सबसे प्रारंभिक धारक अमलनेर के निवासी थे, जिन्हें बीतते सालों के साथ काफी फायदा पहुँचा है। 1940 के दशक के अंतिम वर्षों में, कंपनी ने मुनाफे में कमी और यहाँ तक कि नुकसान भी दर्ज किया, लेकिन कंपनी ने अपना अस्तित्व बचाते हुए व्यापार करना जारी रखा, हालाँकि भविष्य बेहद निराशाजनक दिख रहा था। कंपनी के इस प्रदर्शन के पीछे का कारण था—निरंतर चोरी, बुरे रख-रखाव से रखी गई मशीनें और यह भी कि मालिक कारखाने के पास रहने के इच्छुक नहीं थे। इसके अलावा, कोई भी पेशेवर ऐसी छोटी सी जगह पर रहना नहीं चाहता था।

एम.एच. प्रेमजी ने 1940 के दशक के मध्य में तब अपने चावल के व्यापार से तेल के व्यवसाय में कदम रखा था, जब सरकार ने निजी कंपनियों के चावल के कारोबार करने पर रोक लगा दी थी, हालाँकि वो तेल कंपनी, जिसे तब 'वेस्टर्न इंडिया वेजीटेबल प्रोडक्ट्स लिमिटेड' कहा जाता था।

जब 1966 में युवा अजीम वापस भारत लौटे तो उनके पिता का इंतकाल हो चुका था और तेल मिल के हालात भी कोई बहुत अच्छे नहीं थे। उन्होंने दूर भागने के बजाय चुनौती को अपने ऊपर लिया और चीजों को बदलने का फैसला किया; लेकिन ऐसा करना एक बड़ी चुनौती साबित होनेवाला था, क्योंकि कंपनी पर बड़ा कर्ज बकाया था, लेकिन उन्होंने पहले जानने, खुद चीजों को नजदीक से जानने के लिए समय देने और फिर कोई फैसला लेने का एक समझदारी भरा और तर्कसंगत कदम उठाया।

1990 के दशक तक, अजीम कंपनी में चीजों को बेहतर बनाने में सफल रहे। निवेशक इसमें निवेश करने के लिए इच्छुक थे और शुरुआती शेयरधारकों को निवेश से बहुत लाभ प्राप्त हुआ था। उसके साथ-साथ, अमलनेर धीरे-धीरे विकास और व्यावसायिक गतिविधिवाले एक हलचल भरे शहर में तब्दील हो रहा था। यह एक गाँव से एक ऐसे छोटे से शहर के रूप में पहचाना जाने लगा था, जिसमें ट्रैक्टर-ट्रॉली और हाथगाड़ियाँ आगे निकलने के लिए कारों और दुपहिया वाहनों से चुनौती पाती हों, जहाँ उपभोक्ताओं को सामान खरीदने के लिए ऐसे छोटे दुकानदारों के साथ बातचीत करनी पड़ती हो, जिनकी कम रोशनीवाली दुकानें बहुत कम रोशनीवाली गलियों में स्थित हों। लोगों के बीच होनेवाली हर चर्चा में विप्रो का उल्लेख होना अपरिहार्य होता है, क्योंकि इसने गाँव के साथ-साथ उसके निवासियों की किस्मत को भी बदलकर रख दिया है।

इस समय तक विप्रो अच्छी थी, लेकिन अब वो समय आनेवाला था, जब विप्रो देश की मलाईदार कंपनियों में से एक होने जा रही थी। लोगों की किस्मत में एक ऐसी कंपनी को क्षितिज तक पहुँचते देखना लिखा था, जिसकी चमक उन्हें विस्मित कर देगी।

□

साम्राज्य स्थापित करना

अजीम प्रेमजी ने जब अपनी क्षमताओं को लेकर प्रतिकूल टिप्पणियों का सामना किया था, वे उसके बाद से ही काफी जिद्दी हो गए थे और उसके बाद ही उन्होंने दुनिया के सामने खुद को साबित करने की ठान ली थी। उन्होंने शुरुआती तीन सालों के दौरान खुद को पुस्तकों और अवलोकन के जरिए सिखाना जारी रखा और फिर उसके बाद उन्होंने अपनी सूची में विभिन्न उत्पादों को शामिल करना प्रारंभ कर दिया। ऐसी किसी भी चुनौती को दूर रखने के लिए उन्होंने कंपनी में अपने परिवार का हिस्सा बढ़ाने का भी फैसला लिया, जो उस समय 70 फीसदी से कम था, ताकि उन्हें शेयरधारकों द्वारा नीचा न दिखाया जा सके और वे 2001 तक 84 फीसदी शेयरों को हासिल करने में कामयाब रहे। वे अपने परिवार के नाम और भी अधिक शेयर बटोर सकते थे, लेकिन सरकारी नियामक ने यह तय कर दिया था कि वे वर्ष 2000 के बाद 75 फीसदी से आगे नहीं जा सकते।

अजीम ने सारा ध्यान सिर्फ अपने परिवार के नाम अधिक-से-अधिक शेयर पाने पर ही केंद्रित नहीं कर रखा था, बल्कि वे नए उत्पादों को प्रस्तुत करने के लिए भी बेहद उत्सुकता के साथ कदम आगे बढ़ा रहे थे और उनके इस कदम से शेयरधारकों को बहुत अधिक फायदा मिल रहा था। एक और वजह, जिसने उन्हें अन्य उत्पादों को पेश करने के लिए प्रेरित किया, वो यह

थी कि सरकार ने वनस्पति को नियंत्रित कर दिया, ताकि प्रतिस्पर्धा बहुत कम या फिर न के बराबर रहे और बिना प्रतिस्पर्धा के पैसा कमाना संभव नहीं है। इसलिए वे ऐसे उत्पादों की तलाश में थे, जो आपूर्ति में कम हों, ताकि उनसे पैसा कमाया जा सके।

हर पखवाड़े अमलनेर की अपनी निरंतर यात्राओं और गहन आत्म-अध्ययन और अवलोकन के माध्यम से, अजीम को इस बात का विश्वास हो गया था कि वो अब विस्तार अभियान के लिए पूरी तरह से तैयार है। उन्होंने कारखाने में इस बात का निरीक्षण किया कि संचालन कैसे किया जा रहा है और उन्होंने अपव्यय और लागत को कम करने के लिए तरीके खोजने की कोशिश की, ताकि कंपनी को लाभदायक बनाया जा सके; और ऐसा सिर्फ नवीनतम मशीनरी और उपकरणों को अपनाकर और काम करने के तरीकों में सुधार करके ही हासिल किया जा सकता है। उन्होंने इसके अलावा सेवाओं के लिए पेशेवरों का भी रुख किया और यूनियन कार्बाइड और आई.टी.सी. जैसी प्रसिद्ध कंपनियों में कार्यरत लोगों को अपने साथ जोड़ने में जरा भी संकोच नहीं किया।

यहाँ तक कि लाइसेंस राज व्यवस्थावाले उस दौर में भी व्यापार का विस्तार करना कोई आसान काम नहीं था, क्योंकि तब लाइसेंस प्राप्त करना लगभग असंभव काम होता था, क्योंकि वो एक बेहद भ्रष्ट व्यवस्था थी। वह सिर्फ बड़ी कंपनियों और बाजार में स्थापित नामों का ही पक्ष लेता था।

यहाँ तक कि लाइसेंस राज व्यवस्थावाले उस दौर में भी व्यापार का विस्तार करना कोई आसान काम नहीं था, क्योंकि तब लाइसेंस प्राप्त करना लगभग असंभव काम होता था, क्योंकि वो एक बेहद भ्रष्ट व्यवस्था थी। वह सिर्फ बड़ी कंपनियों और बाजार में स्थापित नामों का ही पक्ष लेता था। एक बार जब उन्हें पता चला कि सूरत और अकोला के बाजार में मूँगफली का कारोबार कमोडिटी के रूप में भी होता है तो उनकी दिलचस्पी ट्रेडिंग में

जागी। ट्रेडिंग में अच्छा पैसा कमाया जा सकता है, क्योंकि यह शेयरों की दलाली के काम जैसा है। इसके अलावा यह इस बात का एक मूल कारण था कि वे साबुन और क्रीम जैसी एफ.एम.जी.सी. (तेजी से बिकनेवाली उपभोक्ता वस्तुएँ) उत्पादों के विनिर्माण में प्रवेश करना चाहते थे।

इस विचार के आने के साथ ही अजीम ने अपनी कंपनी में एक ट्रेडिंग खंड स्थापित किया, जिसे पाँच से छह लोग संचालित करते थे, जो बाजार पर पैनी निगाह रखते थे और इसके परिणामस्वरूप चीजें कंपनी के पक्ष में होने लगीं। नई सुविधाओं की आवश्यकता सामने आई, जिसके लिए विभिन्न स्थानों के साथ संचार के लिए अतिरिक्त टेलीफोन लाइनों की जरूरत पड़ी; लेकिन उन्हें पाना कोई आसान काम नहीं था, क्योंकि उस समय दूरसंचार पर पूरी तरह से सरकार का नियंत्रण था। यहाँ तक कि उस समय भी अजीम ने अपने कर्मचारियों को स्पष्ट रूप से निर्देश दिया था कि इन लाइनों को लेने के लिए किसी भी प्रकार की रिश्वत न दी जाए, वे नैतिकता को लेकर बेहद सतर्क रहते थे।

युवा लोग नई तकनीक के काफी शौकीन होते हैं और अजीम भी थे। वे दूसरे शहरों में स्थित व्यापारियों के साथ साप्ताहिक आधार पर टेलीफोनिक बैठकें करते थे और उनके कर्मचारी भी उनके साथ होते थे, हालाँकि इसकी भी अपनी सीमाएँ थीं, क्योंकि उन दिनों में स्पीकर फोन नहीं होते थे''

युवा लोग नई तकनीक के काफी शौकीन होते हैं और अजीम भी थे। वे दूसरे शहरों में स्थित व्यापारियों के साथ साप्ताहिक आधार पर टेलीफोनिक बैठकें करते थे और उनके कर्मचारी भी उनके साथ होते थे, हालाँकि इसकी भी अपनी सीमाएँ थीं, क्योंकि उन दिनों में स्पीकर फोन नहीं होते थे और बोलनेवाले व्यक्ति के अलावा और कोई यह नहीं सुन सकता था कि दूसरी तरफ बैठा व्यक्ति क्या बोल रहा है। इस बाधा से पार पाने के लिए हैंडसेट में एक एम्प्लीफायर जोड़ा गया और इसके बाद अजीम और उनके प्रबंधक एक

साथ दूसरी तरफ से की जानेवाली बात सुनने में सक्षम हो गए।

अजीम ने अपने विविधीकरण के अभियान को जारी रखा और वे खुद को सिर्फ तेल के कारोबार तक ही सीमित नहीं रख सके। उन्होंने एक बार ताड़ के तेल (पाम ऑयल) के आयात के बारे में विचार किया, लेकिन एक बार फिर वो लाइसेंस प्रणाली के अंतर्गत आता था। इसके अलावा तेल के व्यवसाय पर निरीक्षक भी मँडराते रहते थे, जो अकसर रिश्वत बटोरने के लिए मिलावट या फिर संयंत्र में अस्वच्छता की स्थिति का आरोप लगाते रहते थे और यह कुछ ऐसा था, जो उन्हें बेहद नापसंद था।

अजीम ने अनुभव प्राप्त करने के साथ ही अपने सिद्धांतों और विश्वासों को निर्धारित करना प्रारंभ कर दिया, जिन्हें बाद में 'विप्रो मूल्य' कहा जाने लगा। ये मूल्य कंपनी के सभी कर्मचारियों के लिए बेहद पवित्र हैं, चाहे वे कंपनी के किसी भी विभाग में काम कर रहे हों। तीन प्रमुख मूल्य हैं—सत्यनिष्ठा, लोगों का सम्मान और अपने उपभोक्ता पर ध्यान केंद्रित करना।

अजीम ने अनुभव प्राप्त करने के साथ ही अपने सिद्धांतों और विश्वासों को निर्धारित करना प्रारंभ कर दिया, जिन्हें बाद में 'विप्रो मूल्य' कहा जाने लगा। यह मूल्य कंपनी के सभी कर्मचारियों के लिए बेहद पवित्र हैं, चाहे वे कंपनी के किसी भी विभाग में काम कर रहे हों। तीन प्रमुख मूल्य हैं—सत्यनिष्ठा, लोगों का सम्मान और अपने उपभोक्ता पर ध्यान केंद्रित करना। उनके लिए सत्यनिष्ठा नैतिक दृढ़ता थी, जिसमें किसी भी स्थिति में रिश्वत या बेईमानी के लिए कोई स्थान नहीं था। इसी वजह के चलते जब भी किसी सरकारी विभाग से कोई काम करवाए जाने की आवश्यकता होती थी तो उनके कर्मचारी उनके मुँह से यह बात सुनते थे कि किसी भी प्रकार की रिश्वत नहीं दी जानी है। उन्होंने सबके लिए सम्मान की वकालत की, चाहे वो छोटा हो या बड़ा और उनका यह कहना था कि उनकी कंपनी के अस्तित्व का सारा

दारोमदार उपभोक्ता की भलाई पर केंद्रित था; अगर उनका उपभोक्ता उनके उत्पादों से खुश नहीं है, तो वो और उनके कर्मचारी जो कुछ भी कर रहे हैं, उसका कोई फायदा नहीं है। उन्होंने डीलरशिप वितरित करते समय भी सिर्फ योग्यता को ही पैमाना रखा और इस बात की कभी भी परवाह नहीं की कि आवेदन करनेवालों में उनके परिवार के सदस्य या फिर रिश्तेदार भी शामिल हैं। उनका पूरा ध्यान सिर्फ इस बात पर था कि कौन काम के साथ न्यायसंगत व्यवहार कर सकता है।

अजीम के परिवार के सदस्यों, रिश्तेदारों, दोस्तों और कर्मचारियों ने अनुभव किया है कि निष्पक्ष व्यवहार की बात आने पर वे थोड़ा पूर्वग्रही हो जाते थे; मेरिट की बात आने पर वे जान-पहचान और अनजान के फर्क को भूल जाते थे। चूँकि वे अपने उपभोक्ताओं की भलाई को लेकर भी चिंतित थे; वो यह जानने के लिए भी बेहद उत्सुक रहते थे कि उनके उत्पादों से उनके स्वास्थ्य पर कोई प्रतिकूल प्रभाव तो नहीं पड़ा है और वे ऐसे कदम उठाने को तैयार रहते थे, जो इन जोखिमों को कम करने में मदद दे सकते थे। इसी वजह के चलते उन्होंने ताड़ के तेल के व्यापार में अपने कदम आगे नहीं बढ़ाए। एक बार को तो उन्होंने तेल के कारोबार को पूरी तरह से अलविदा कहने का तय कर लिया था, लेकिन ऐसा करने के मुकाबले कहना आसान था, क्योंकि यह उनकी कंपनी का प्रमुख व्यवसाय था और बिना किसी प्रभावी विकल्प को तलाशे इसे किनारे नहीं किया जा सकता था और ऐसा करने के लिए यह भी आवश्यक था कि वे अपने व्यवसाय को अन्य उत्पादों में विस्तारित करें।

> *अजीम के परिवार के सदस्यों, रिश्तेदारों, दोस्तों और कर्मचारियों ने अनुभव किया है कि निष्पक्ष व्यवहार की बात आने पर वे थोड़ा पूर्वग्रही हो जाते थे; मेरिट की बात आने पर वे जान-पहचान और अनजान के फर्क को भूल जाते थे। चूँकि वे अपने उपभोक्ताओं की भलाई को लेकर भी चिंतित थे"*

अजीम ने 1970 के दशक में अन्य कंपनियों और आई.आई.एम. से

कई पेशेवरों को अपने यहाँ नियुक्त किया था, लेकिन वे उन्हें अपने मौजूदा उत्पादों से संतुष्ट करने में नाकामयाब रहे, इसके अलावा वे भी उन्हें विविधता के लिए उकसा रहे थे और उनकी सिफारिशें अकसर तेल से संबंधित उत्पादों से इतर ही होती थीं। इस प्रकार से विप्रो का विस्तार निर्माण उपकरण के लिए हाइड्रोलिक घटकों में हुआ, जिन्हें 'विप्रो फ्लूइड पावर' कहा जाता है। इस व्यवसाय में 1976 में उत्पादन शुरू किया गया था। यह उनका पहला बड़ा विविधीकरण अभियान था और यह तब से अब तक आधा अरब डॉलर के व्यवसाय में विकसित हो चुका है और इसमें कई उत्पाद शामिल हैं, जिनमें इंजीनियरिंग, जलगति विज्ञान, एयरोस्पेस, जल उपचार और अन्य क्षेत्र, जहाँ इंजीनियरिंग नवाचारों की माँग की जाती है, जैसे क्षेत्रों में औद्योगिक इंजीनियरिंग समाधान सहित कई उत्पादों को शामिल किया गया है। समय के साथ, 'विप्रो इंफ्रास्ट्रक्चर इंजीनियरिंग' नामक विप्रो की इस शाखा ने चार महाद्वीपों में सोलह उत्पादन सुविधाओं की स्थापना की है और इसे वैश्विक अगुआओं में से एक माना जाता है।

कुछ दशक पूर्व तक भारतीय नई तकनीक के प्रति इतने अधिक उदार नहीं थे और ऐसा ही कंप्यूटर के साथ भी था। जब इसे भारत में प्रस्तुत करने का प्रयास किया गया तो कई लोग ऐसे भी थे, जिन्होंने दावा किया कि यह बेरोजगारी का एक कारण बन सकता है।

कंप्यूटर के बाजार में प्रवेश

कुछ दशक पूर्व तक भारतीय नई तकनीक के प्रति इतने अधिक उदार नहीं थे और ऐसा ही कंप्यूटर के साथ भी था। जब इसे भारत में प्रस्तुत करने का प्रयास किया गया तो कई लोग ऐसे भी थे, जिन्होंने दावा किया कि यह बेरोजगारी का एक कारण बन सकता है, लेकिन वक्त इस बात का सबसे बड़ा गवाह है कि आई.टी. का क्षेत्र देश और निश्चित रूप से दुनिया के सबसे बड़े

नियोक्ताओं में से एक है। 1970 के दशक तक, पश्चिमी दुनिया ने कंप्यूटर क्रांति का अनुभव करना शुरू कर दिया था और कुछ शोध और शैक्षिक संस्थानों और रक्षा संगठनों में स्थापित किए गए कुछ सेटों को छोड़कर, भारत में माहौल इसको लेकर इतना अधिक सकारात्मक नहीं था। सरकार भी इसके प्रति इतनी उत्साहित नहीं थी; और यह इस बात का जीता-जागता उदाहरण है कि भाभा कमेटी ने 1963 में एक विभाग स्थापित करने की सिफारिश की थी और 'डिपार्टमेंट ऑफ इलेक्ट्रॉनिक्स' (डी.ओ.ई.) को आखिरकार इसके सात साल बाद स्थापित किया गया।

वर्ष 1973 में, फेरा (विदेशी मुद्रा विनियमन अधिनियम) लागू हुआ, जिसमें विदेशी कंपनियों को अपनी हिस्सेदारी 40 फीसदी से कम करनी पड़ी और शेष को भारतीयों के नियंत्रण में रहना था। इसने उन कंपनियों को देश में संचालित होने से रोक दिया, जो पूर्ण रूप से विदेशी संस्थाओं द्वारा नियंत्रित की जा रही थीं।

वर्ष 1973 में, फेरा (विदेशी मुद्रा विनियमन अधिनियम) लागू हुआ, जिसमें विदेशी कंपनियों को अपनी हिस्सेदारी 40 फीसदी से कम करनी पड़ी और शेष को भारतीयों के नियंत्रण में रहना था। इसने उन कंपनियों को देश में संचालित होने से रोक दिया, जो पूर्ण रूप से विदेशी संस्थाओं द्वारा नियंत्रित की जा रही थीं।

इसका अनुपालन करनेवाली कंपनियों को काम जारी रखने की अनुमति दी गई और बाकी जो ऐसा करने को तैयार नहीं थे, उन्होंने अपने व्यापार को ताला लगा दिया। इस स्थिति में कोका कोला और आई.बी.एम. जैसे कुछ कॉरपोरेट दिग्गजों ने भारतीय सरजमीं को छोड़ने का फैसला किया, विशेषकर मोरारजी देसाई के नेतृत्व वाली जनता सरकार में उद्योग मंत्री बनाए गए जॉर्ज फर्नांडिस के अड़ियल रुख के चलते। जॉर्ज फर्नांडिस एक और वजह से आई.बी.एम. के विरोध में थे और वो यह थी कि कंपनी भारत में उन तकनीकों को लेकर आ रही थी, जिन्हें दूसरे देशों द्वारा इस्तेमाल करके

छोड़ दिया गया था और ऐसा करके वो यह सुनिश्चित कर रही थी कि कोई भी नवीनतम तकनीक भारत तक न पहुँच पाए। उस समय, कंप्यूटर के बाजार पर आई.बी.एम. का पूरी तरह से एकाधिकार था और इस प्रकार के आचरण को किसी भी तरह से देश की प्रगति के अनुकूल नहीं कहा जा सकता था। इसके अलावा, जनता सरकार विदेशी कंपनियों के प्रभुत्व को कम करने के लिए पर्याप्त रूप से दृढ़ संकल्पित थी, ताकि देशी कंपनियाँ खुद को अच्छी तरह से स्थापित कर सकें। इस प्रकार की सोच कांग्रेस के नेताओं, विशेषकर जवाहरलाल नेहरू और इंदिरा गांधी की सोच के बिल्कुल उलट थी, जिन्होंने बाँह फैलाकर विदेशी कंपनियों का स्वागत किया था, क्योंकि उनका ऐसा मानना था कि उनके आगमन से भारतीय कंपनियों को प्रतिस्पर्धा के लिए प्रेरणा पाने में मदद मिलेगी, हालाँकि समाजवादी सोच इस खुली सोच के अनुरूप नहीं थी। जनता सरकार ने विदेशी कंपनियों को बाहर करने के लिए फेरा को अपनी विचारधारा के अनुकूल पाया।

कोका कोला के जाने से पैदा हुए शून्य को भरना कोई मुश्किल काम नहीं था, क्योंकि थम्सअप, 77 और कैम्पा कोला जैसे भारतीय शीतल पेय इसका स्थान लेने को बाजार में उतर चुके थे, लेकिन आई.बी.एम. का मामला बिल्कुल ही अलग था। इस शून्य को इतनी आसानी से भरा नहीं जा सकता था।

कोका कोला के जाने से पैदा हुए शून्य को भरना कोई मुश्किल काम नहीं था, क्योंकि थम्सअप, 77 और कैम्पा कोला जैसे भारतीय शीतल पेय इसका स्थान लेने को बाजार में उतर चुके थे, लेकिन आई.बी.एम. का मामला बिल्कुल ही अलग था। इस शून्य को इतनी आसानी से भरा नहीं जा सकता था। कुछ कंपनियों ने देश में ही कंप्यूटर तैयार करने के लिए स्पेयर पार्ट्स का आयात करना प्रारंभ किया, लेकिन इस शून्य को पूरी तरह से भरने के लिए एक उत्साही युवा के प्रयास की आवश्यकता थी, जो थे अजीम प्रेमजी।

कंप्यूटर के इस बाजार में प्रवेश करना इतना आसान काम नहीं था, क्योंकि सरकार बेरोजगारी के डर की आशंका के चलते इसके विरोध में थी, हालाँकि उद्यमियों को यह बात समझ में आ रही थी कि यह फायदा उठाने का एक बेहतरीन मौका है। उनमें से कुछ ने इस दिशा में अपने कदम आगे बढ़ाए और अजीम इस विकास पर बेहद करीबी नजर बनाए हुए थे, क्योंकि वे भी अपने विविधीकरण और विस्तार के अभियान के लिए एक उत्पाद की तलाश में थे। उन्होंने इंजीनियरों और पेशेवरों की सलाह ली और उन्हें यह राय दी गई कि यह विस्तार करने के लिए एक अभूतपूर्व मौका हो सकता है। इसके परिणामस्वरूप विप्रो ने अंतत: कंप्यूटर के बाजार में उतरने का फैसला किया और आनेवाले समय में यह उसकी प्रमुख पहचान बन गया, जबकि इनकी कई अन्य क्षेत्रों में भी पर्याप्त उपस्थिति है।

अजीम शुरुआत में अपने इस कदम को लेकर थोड़े संकोच में थे, क्योंकि उन्हें यह व्यापार थोड़ा जोखिम भरा प्रतीत हुआ, लेकिन इस बात ने उन्हें इस क्षेत्र में प्रवेश करने के लिए प्रेरित किया कि एक तो इसमें बहुत अधिक निवेश की जरूरत नहीं थी और इसमें कम-से-कम एक कोशिश तो की ही जा सकती थी। 1977 में लगभग इसी समय उन्होंने कंपनी के नाम को 'वेस्टर्न इंडिया वेजिटेबल प्रोडक्ट्स' से बदलकर 'विप्रो प्रोडक्ट्स' कर दिया और बाद में 1982 में इसे सिर्फ 'विप्रो' कहा जाने लगा।

अजीम शुरुआत में अपने इस कदम को लेकर थोड़े संकोच में थे, क्योंकि उन्हें यह व्यापार थोड़ा जोखिम भरा प्रतीत हुआ, लेकिन इस बात ने उन्हें इस क्षेत्र में प्रवेश करने के लिए प्रेरित किया कि एक तो इसमें बहुत अधिक निवेश की जरूरत नहीं थी और इसमें कम-से-कम एक कोशिश तो की ही जा सकती थी।

अजीम अब कंप्यूटर के बाजार में प्रवेश करने के इच्छुक थे, लेकिन वो सबसे बड़ी बाधा, जो उन्हें पार करनी थी, वो थी उस समय देश में प्रचलित

लाइसेंस राज प्रणाली। फाइलें एक डेस्क से दूसरी डेस्क तक बहुत धीरे-धीरे बढ़ती थीं और सरकारी व्यवस्था में कार्यरत अधिकांश लोग चाहते थे कि पहले उनकी मुट्ठियाँ गरम की जाएँ। व्यवस्था इतनी अधिक भ्रष्ट हो चुकी थी कि उसके बारे में कहा जाने लगा था कि 'फाइल तब आगे बढ़ती है, जब उसपर वजन होता है'। नौकरशाहों को यह बात समझाने में लगभग दो महीने का समय लग गया कि अगर उनकी कंपनी इस क्षेत्र में प्रवेश करती है तो विदेशी मुद्रा भंडार पर बिल्कुल भी प्रतिकूल प्रभाव नहीं पड़ेगा। इसके बावजूद सरकारी विभागों की ओर से यह सवाल उठाया गया कि क्या कंपनी के पास इस क्षेत्र का कोई पूर्व अनुभव है? और उन्हें इस विषय में समझाने में और अधिक समय जाया हुआ। समझने-समझाने और अधिकारियों से संपर्क करने के चलते लाइसेंस प्राप्त करने में करीब एक साल का समय लगा और अंततः 1979 के अंत के करीब लाइसेंस विप्रो के कब्जे में था। एक बार खुद को कंप्यूटर के निर्माण के बाजार में पाने के बाद पीछे मुड़कर देखने का कोई मतलब ही नहीं होता था।

चूँकि आई.बी.एम. भारत में पुरानी तकनीक बेच रहा था, इसलिए इसके बाहर जाने का भारत पर कोई बड़ा प्रभाव नहीं पड़ा, बल्कि इसने कई भारतीय कंपनियों को समृद्ध होने का अवसर दिया; और इससे देश में नई तकनीकों को लाने में भी मदद मिली।

चूँकि आई.बी.एम. भारत में पुरानी तकनीक बेच रहा था, इसलिए इसके बाहर जाने का भारत पर कोई बड़ा प्रभाव नहीं पड़ा, बल्कि इसने कई भारतीय कंपनियों को समृद्ध होने का अवसर दिया; और इससे देश में नई तकनीकों को लाने में भी मदद मिली। बाहर होने के समय, आई.बी.एम. का बाजार के करीब 60 से 70 प्रतिशत हिस्से पर कब्जा था और भारतीय कंपनियों के पास इस बड़ी कंपनी का मुकाबला करने के बहुत कम मौके थे; हालाँकि इसके बाहर होने से भारतीय कंपनियों को इस क्षेत्र में आगे बढ़ने का अच्छा

मौका मिला और विप्रो भी उनमें से एक थी। आई.बी.एम. ने कभी सपने में भी नहीं सोचा होगा कि भारत में कंप्यूटर के निर्माण और बिक्री में इतनी अधिक वृद्धि देखने को मिलेगी और इसी वजह के चलते उसने देश में मौजूद अनंत संभावनाओं को देखते हुए एक दशक से भी कम समय में दोबारा भारत आने का फैसला किया।

अजीम ने इस स्थिति को देश में कंप्यूटर प्रौद्योगिकी के विकास के लिए एक नया मोड़ बताया। उन्होंने कहा कि आई.बी.एम. कंप्यूटर प्रौद्योगिकी के क्षेत्र में भारतीय बाजार और उसकी क्षमता को समझने में पूरी तरह से विफल रहा। भारत में अपने पत्ते खोलने की उसकी अनिच्छा के चलते भारत में यह धारणा बनी कि कंप्यूटर भी बिल्कुल अन्य मशीनों की ही तरह एक और मशीन है। जो समय की बचत करती है और इस सोच के चलते देश में एक नकारात्मक रवैया विकसित हुआ कि इस मशीन को अपनाने से देश में बेरोजगारी और अधिक बढ़ सकती है। यह भी इस बात की एक और वजहों में से एक थी कि कंप्यूटरों की पहुँच सिर्फ प्रयोगशालाओं, शैक्षणिक संस्थानों और रक्षा संगठनों तक ही सीमित थी।

अजीम ने इस स्थिति को देश में कंप्यूटर प्रौद्योगिकी के विकास के लिए एक नया मोड़ बताया। उन्होंने कहा कि आई.बी.एम. कंप्यूटर प्रौद्योगिकी के क्षेत्र में भारतीय बाजार और उसकी क्षमता को समझने में पूरी तरह से विफल रहा। भारत में अपने पत्ते खोलने की उसकी अनिच्छा के चलते भारत में यह धारणा बनी कि कंप्यूटर भी बिल्कुल अन्य मशीनों की ही तरह एक और मशीन है।

अजीम ने इस अनजाने क्षेत्र में प्रवेश करने का फैसला किया था, क्योंकि आई.बी.एम. के बाहर निकलने ने उनके सामने एक व्यापक दुनिया खोल दी थी। उस समय इस क्षेत्र में कार्यरत अधिकांश भारतीय कंपनियाँ लगभग नौसिखिया ही थीं और ऐसे में उनमें खुद को अव्वल साबित कर

पाना बेहद आसान होता। इस दृष्टिकोण के अलावा उन्हें इस बात से भी प्रोत्साहन मिला कि इसके लिए बड़े निवेश की आवश्यकता नहीं थी। इसके अलावा इस क्षेत्र में प्रवेश देश के हित में भी था, क्योंकि आधुनिक तकनीक की कमी के चलते उसे मध्यकालीन युग में नहीं छोड़ा जा सकता था। नई कंपनियों का इस क्षेत्र में प्रवेश समय की माँग थी और यह प्रवेश आनेवाले समय में उनके बीच एक कड़ी प्रतिस्पर्धा का निर्माण करनेवाला था। अपने दोस्तों और पेशेवरों द्वारा इस क्षेत्र से जुड़ी तमाम वास्तविकताओं से अवगत करवाए जाने के बाद अजीम को इस बात का यकीन हो गया कि उन्हें इस क्षेत्र में प्रवेश करना ही चाहिए।

इस विचार को जब पहली बार उनके सामने लाया गया था तो उनका यह मानना था कि वे कंप्यूटर का उपयोग बाकी कमोडिटी उत्पादों की तरह अच्छा-खासा मुनाफा कमाने में कर सकते हैं, लेकिन वे जैसे-जैसे इसमें गहराई से उतरते गए, उन्हें इस बात का भरोसा हो गया कि यह अगली सदी में देश के विकास के लिए एक अच्छा इंजन साबित हो सकता है।

इस विचार को जब पहली बार उनके सामने लाया गया था तो उनका यह मानना था कि वे कंप्यूटर का उपयोग बाकी कमोडिटी उत्पादों की तरह अच्छा-खासा मुनाफा कमाने में कर सकते हैं, लेकिन वे जैसे-जैसे इसमें गहराई से उतरते गए, उन्हें इस बात का भरोसा हो गया कि यह अगली सदी में देश के विकास के लिए एक अच्छा इंजन साबित हो सकता है। उनका मानना था, "मुझे इस बात का पूरा विश्वास था कि विप्रो जैसी नई कंपनी के पास कंप्यूटर अनुसंधान और विनिर्माण के क्षेत्र में अनंत संभावनाएँ हैं।"

आई.बी.एम. ने जहाँ एक तरफ भारत में अपने मेनफ्रेम नहीं उतारे थे, मिनी कंप्यूटर काफी हद तक प्रचलित थे और साथ ही वे कुछ चुनिंदा उपभोक्ताओं के बीच खासे लोकप्रिय भी थे, जिनमें अनुसंधान संस्थान शामिल

थे। इस चरण पर, हमें 'मिनी कंप्यूटर' शब्द से भ्रमित नहीं होना चाहिए; वे सिर्फ नाम के ही मिनी थे, वे आकार में तो बड़े सेटअप से भी कहीं बड़े थे और इन्हें रखने के लिए पर्याप्त स्थान की आवश्यकता होती थी।

यह अवसर अजीम के सामने दो विकल्प लेकर आया; पहला तो था नए मॉडल के कंप्यूटर के स्पेयर पार्ट्स को आयात करना और उन्हें असेंबल करने के बाद भारत में बेचना; और दूसरा था भारत में ही कंप्यूटर को डिजाइन करना और फिर उनके निर्माण की तैयारी करना। दोनों ही विकल्पों के अपने फायदे और नुकसान थे।

पहला विकल्प काफी व्यवहार्य था, लेकिन इसे फेरा सहित विभिन्न कानूनों के जरिए सीमित किया जा सकता था, जो विदेशी मुद्रा के नियमन को लेकर काफी सख्त था, क्योंकि उस समय तक कंप्यूटर को देश की अपरिहार्य आवश्यकताओं में नहीं गिना जाता था।

पहला विकल्प काफी व्यवहार्य था, लेकिन इसे फेरा सहित विभिन्न कानूनों के जरिए सीमित किया जा सकता था, जो विदेशी मुद्रा के नियमन को लेकर काफी सख्त था, क्योंकि उस समय तक कंप्यूटर को देश की अपरिहार्य आवश्यकताओं में नहीं गिना जाता था। इसके चलते अजीम ने दूसरे विकल्प के पक्ष में फैसला लिया और अपनी श्रमशक्ति और पेशेवरों को नए मॉडलों को डिजाइन करने और उनपर शोध करने के काम में लगाया।

हमेशा की ही तरह लोगों ने इस बिल्कुल नए क्षेत्र में सफलता को लेकर अपनी आशंकाएँ व्यक्त कीं, लेकिन अजीम उसे लेकर बिल्कुल निश्चित थे, जो उन्होंने तय किया था।

विप्रो में शोध का काम प्रारंभ होने के साथ ही अजीम को महसूस हुआ कि कंप्यूटर को बनाना एक बहुत चुनौतीपूर्ण काम है, क्योंकि इसके विभिन्न भागों के लिए व्यापक शोध की आवश्यकता थी और इसे किसी भी कीमत पर बहुत कम समय में पूरा नहीं किया जा सकता था।

नए हार्डवेयर, सॉफ्टवेयर, ऑपरेटिंग सिस्टम, मॉनीटर, की-बोर्ड, प्रिंटर, हार्डडिस्क आदि का निर्माण करना और उनपर शोध करना काफी अधिक समय लेनेवाला हो सकता है और यह एक बड़ा झटका भी साबित हो सकता है, क्योंकि ऐसा करने में लगनेवाला लंबा समय दूसरी कंपनियों को बीच में घुसने और अपने उत्पादों को लॉन्च करने का अवसर प्रदान कर सकता है। ऐसा होने पर, विप्रो पहल का फायदा उठाने से चूक जाता और इसकी परिणति अवसर की हानि के रूप में हो सकती थी।

> *अजीम ने इस बात पर बेहद गंभीरता से विचार किया और वे इस नतीजे पर पहुँचे कि प्रत्येक घटक का निर्माण करना महत्त्वपूर्ण संसाधनों और समय को ले सकता है, जो उन्हें प्रतिस्पर्धा से बाहर भी कर सकता है, इसलिए उन्होंने एक बेहद आसान समाधान निकाला''*

अजीम ने इस बात पर बेहद गंभीरता से विचार किया और वे इस नतीजे पर पहुँचे कि प्रत्येक घटक का निर्माण करना महत्त्वपूर्ण संसाधनों और समय को ले सकता है, जो उन्हें प्रतिस्पर्धा से बाहर भी कर सकता है, इसलिए उन्होंने एक बेहद आसान समाधान निकाला; और वो यह था कि प्रत्येक घटक को स्वयं डिजाइन करने के बजाय, अनुभवी संस्थानों और कंपनियों से डिजाइन का लाइसेंस खरीद लिया जाए और फिर उन लाइसेंसों के आधार पर खुद कंप्यूटर का निर्माण किया जाए। यह कदम कंपनी को किसी भी सरकारी आपत्ति से भी बचाने का काम करता, क्योंकि उसने तैयार माल के आयात पर कई तरह के प्रतिबंध लगा रखे थे, लेकिन तकनीक के आयात पर ऐसी कोई रोक लागू नहीं थी।

विप्रो द्वारा 1979 में बैंगलोर में कंप्यूटर निर्माण का काम शुरू किया गया था। विप्रो ने जिस कंपनी से तकनीक की खरीद का फैसला किया, वो अमेरिका के ओहियो में स्थित 'सेंटिनल' थी। इसने इंटेल 286 चिप्स का उपयोग करके कंप्यूटर और सॉफ्टवेयर डिजाइन किया था। विप्रो के लिए एक

और अनुकूल पहलू यह भी था कि आई.बी.एम. ने अभी तक पर्सनल कंप्यूटर के क्षेत्र में प्रवेश नहीं किया था।

हमें इस बात को भी नहीं भूलना चाहिए कि इस महत्त्वपूर्ण समय में, जहाँ तक कंप्यूटर के क्षेत्र की बात की जाए, तो भारत को सम्मान की दृष्टि से नहीं देखा जाता था और इसे तब तक एक पिछड़े और मध्यकालीन देश के रूप में ही देखा जाता था, हालाँकि अजीम में विदेशों की इस सोच की बहुत अधिक परवाह नहीं की और वो दुनिया के सामने भारत की क्षमता को साबित करना चाहते थे, जिसका प्रदर्शन वो मौका मिलने पर शानदार तरीके से कर सकता था। विप्रो ने इसके तुरंत बाद 'टेक्सास इंस्ट्रूमेंट्स' के साथ एक समझौता भी किया।

प्रौद्योगिकी लाइसेंस के आयात ने भारत में उत्पादन शुरू करने में मदद की; और इस प्रकार विप्रो इलेक्ट्रॉनिक्स और कंप्यूटर की दुनिया में अपनी नींव स्थापित कर रही थी। प्रौद्योगिकी का आयात अजीम को कंपनी में अनुसंधान को प्रोत्साहित करने से रोक नहीं सका। आज, 'सेंटिनल' का अस्तित्व समाप्त हो चुका है, फिर भी यह वो कंपनी थी, जिसने विप्रो को एक अच्छी शुरुआत करने में मदद की।

प्रौद्योगिकी लाइसेंस के आयात ने भारत में उत्पादन शुरू करने में मदद की; और इस प्रकार विप्रो इलेक्ट्रॉनिक्स और कंप्यूटर की दुनिया में अपनी नींव स्थापित कर रही थी। प्रौद्योगिकी का आयात अजीम को कंपनी में अनुसंधान को प्रोत्साहित करने से रोक नहीं सका।

सिर्फ प्रौद्योगिकी के आयात ने विप्रो को कंप्यूटरों के निर्माण की राह पर आगे नहीं बढ़ाया। इस बारे में बहुत अधिक तैयारी किए जाने की आवश्यकता थी; क्योंकि जमीनी कार्य किया जाना था और कर्मचारियों को भी प्रशिक्षित करना था। इस सभी पहलुओं को बैंगलोर स्थित 'विप्रो इंफोटेक' में प्रारंभ किया गया। इस क्षेत्र में सभी कामों का श्रेय अशोक नरसिम्हन को जाता है, जिन्हें 'टाटा प्रशासनिक सेवा' (टी.ए.एस.) से नियुक्ति पर लाया गया था

और यह वो ही थे, जिन्होंने आगे बढ़कर पूर्ण साहस के साथ तमाम चुनौतियों का सामना किया और अपने पास मौजूद तमाम कुशाग्रता के साथ इस नवीन क्षेत्र में विप्रो के काम की शुरुआत की।

आज की तारीख में बेंगलुरु स्थित 'विप्रो इंफोटेक' एक जीवंत और हलचल भरा स्थान है, लेकिन जब यह शुरू हुआ, तब इसमें केवल सात लोग कार्यरत थे। इसकी प्रयोगशाला ने आई.आई.एस.सी. (भारतीय विज्ञान संस्थान) के सहयोग के साथ अनुसंधान का काम प्रारंभ किया। अजीम मुनाफा भी कमाना चाहते थे, क्योंकि यह आखिरकार एक व्यापार ही था, लेकिन वे इस बात को लेकर भी निश्चित थे कि वे बहुत अधिक मुनाफा नहीं कमाना चाहते थे। वो चाहते थे कि कंप्यूटर का निर्माण भारतीय परिस्थितियों के अनुकूल हो, जो कार्यक्षम होने के साथ-साथ सस्ता भी हो।

> ***उस दौर की एक छोटी सी दिलचस्प कहानी को सुनाया जा सकता है। दो लोग, जिनका लक्ष्य बिल्कुल समान हो, हालाँकि अलग-अलग कार्यपद्धति अपना सकते हैं। जब अजीम ने सूचना प्रौद्योगिकी के क्षेत्र में प्रवेश करने के लिए कदम उठाए तो एक सज्जन ने उनसे संपर्क किया और दोनों ने लंबे समय तक बातचीत की।***

सूचना प्रौद्योगिकी एक विशेषज्ञतावाला क्षेत्र है और इसके संसाधनों का फायदा उठाने के लिए विशेषज्ञों की आवश्यकता होती है; इसलिए, अजीम अब इलेक्ट्रॉनिक्स अनुभाग का नेतृत्व करने और मुखिया बनने के लिए अनुभवी पेशेवरों की तलाश में थे।

उस दौर की एक छोटी सी दिलचस्प कहानी को सुनाया जा सकता है। दो लोग, जिनका लक्ष्य बिल्कुल समान हो, हालाँकि अलग-अलग कार्यपद्धति अपना सकते हैं। जब अजीम ने सूचना प्रौद्योगिकी के क्षेत्र में प्रवेश करने के लिए कदम उठाए तो एक सज्जन ने उनसे संपर्क किया और दोनों

ने लंबे समय तक बातचीत की। दोनों क्षेत्र में एक-दूसरे के साथ सहयोग करने के इच्छुक थे, लेकिन वे विभिन्न तरीकों का उपयोग करके इसे हासिल करना चाहते थे। उन्होंने बेहद विस्तार में विचार-विमर्श किया, हालाँकि वे किसी परस्पर सम्मत निष्कर्ष तक नहीं पहुँचे और इसलिए दोनों अलग हो गए। वो सज्जन और कोई नहीं, बल्कि नारायणमूर्ति थे, जिन्होंने बाद में 'इंफोसिस' के नाम से जानी जानेवाली एक नई कंप्यूटर कंपनी की स्थापना की। विप्रो की तरह इंफोसिस ने भी इस क्षेत्र में सफलता प्राप्त की है। इसके अलावा यह भी दिखाता है कि सफलता के लिए यह आवश्यक नहीं है कि व्यक्ति सिर्फ एक ही रास्ते पर चले, इसके लिए दूसरे रास्ते भी हो सकते हैं, इसलिए व्यक्ति की सोच व्यापक और खुली होनी चाहिए।

> *इस बात की कल्पना करना बेहद मुश्किल है कि अगर ये दोनों शानदार मस्तिष्क एक साथ आने में कामयाब हो जाते तो क्या नतीजा निकलकर सामने आता? हो सकता है कि दोनों ने मिलकर एक ऐसी कंपनी की स्थापना की होती, जो दुनिया में बेमिसाल होती या फिर यह भी हो सकता था कि दोनों एक साथ मिलकर एक-दूसरे के विचारों का रह जाते और पूरी तरह से विफल हो गए होते।*

इस बात की कल्पना करना बेहद मुश्किल है कि अगर यह दोनों शानदार मस्तिष्क एक साथ आने में कामयाब हो जाते तो क्या नतीजा निकलकर सामने आता? हो सकता है कि दोनों ने मिलकर एक ऐसी कंपनी की स्थापना की होती, जो दुनिया में बेमिसाल होती या फिर यह भी हो सकता था कि दोनों एक साथ मिलकर एक-दूसरे के विचारों का खंडन कर सकते थे और पूरी तरह से विफल हो गए होते। हमें इस सच्चाई से संतुष्ट होना चाहिए कि यह दोनों ही वैश्विक स्तर पर विश्व प्रसिद्ध कंपनियाँ हैं। इनमें से प्रत्येक ने विभिन्न संस्करणों, विश्वासों, निर्णयों और विधियों के माध्यम से सफलता के शीर्ष बिंदु को छुआ है।

विप्रो ने 1979 में शोध का जो काम शुरू किया, उसका परिणाम 1981 में कंप्यूटरों के निर्माण के रूप में सामने आया। यह कंप्यूटर आई.बी.एम. द्वारा भारत में बेचे जानेवाले कंप्यूटरों के मुकाबले तेज, अधिक किफायती और अधिक कार्यक्षम थे। उन शुरुआती समय के सापेक्ष, उन्हें अभिनव और आधुनिक कहा जा सकता था, फिर भी अजीम उनसे पूरी तरह से संतुष्ट नहीं थे। वे चाहते थे कि उनके कंप्यूटर हर तरीके से उपभोक्ताओं की आवश्यकताओं को पूरा करने में सक्षम हों। इसके लिए उन्होंने उपभोक्ताओं के बीच एक व्यापक सर्वेक्षण शुरू किया, जिसमें उनकी उम्मीदों और समस्याओं को नोट किया गया।

इसके परिणामस्वरूप जो सबसे बड़ी कमी, जिससे अधिकांश उपभोक्ता परेशान थे, सामने आई कि किसी भी कंपनी का कोई उपभोक्ता सेवा केंद्र नहीं था। इस क्षेत्र में संचालित सभी कंपनियाँ अपने उत्पाद को बेचने और फिर उसे भूल जाने में अधिक संबद्ध थीं। अगर उपभोक्ता के समक्ष कोई समस्या खड़ी हो जाती थी तो उसके पास उस घटक को बदलने के अलावा उससे निबटने का और कोई तरीका नहीं था। ऐसा सिर्फ इस वजह के चलते था, क्योंकि इस महत्त्वपूर्ण आवश्यकता की पूर्ति करने के लिए कोई प्रशिक्षित श्रमशक्ति मौजूद नहीं थी। इसी वजह के चलते, उपभोक्ताओं को ऐसा प्रतीत होता था कि कंप्यूटर को खरीदने का सीधा सा मतलब है, अपने लिए मुफ्त में एक जोखिम खरीदना! यह उत्पाद उन्हें किसी भी क्षण धोखा दे सकता है। यह कई उपभोक्ताओं को इन्हें खरीदने से रोक रहा था।

इसके परिणामस्वरूप जो सबसे बड़ी कमी, जिससे अधिकांश उपभोक्ता परेशान थे, सामने आई कि किसी भी कंपनी का कोई उपभोक्ता सेवा केंद्र नहीं था। इस क्षेत्र में संचालित सभी कंपनियाँ अपने उत्पाद को बेचने और फिर उसे भूल जाने में अधिक संबद्ध थीं।

सिर्फ इसी वजह के चलते बहुत से लोग अपने घरों और कार्यालयों

में कंप्यूटरों का उपयोग नहीं कर रहे थे और उनका यह मानना था कि यह अनुसंधान संस्थानों, शैक्षणिक संस्थानों और अन्य बड़े कार्यालयों में रखे जाने के लिए ही ठीक हैं।

अजीम ने लोगों को यह बात समझाने का बीड़ा खुद उठाया कि कंप्यूटर बहुत अधिक उपयोगी है, लेकिन उत्पाद को लोकप्रिय बनाने के लिए यह आवश्यक है कि उपभोक्ताओं को यह विश्वास हो कि उत्पाद में किसी भी गड़बड़ को कंपनी द्वारा कुशलता से निबटा जाएगा और इस प्रकार, अजीम ने ग्राहक सेवा पर और अधिक ध्यान केंद्रित करने का फैसला किया।

'ग्राहक सेवा योजना' की शुरुआत के साथ, विप्रो इस भीड़ में शामिल अन्यों के मुकाबले एक बिल्कुल विशिष्ट कंपनी मानी जाने लगी और इसकी वजह से उपभोक्ताओं का एक बड़ा हिस्सा उसकी ओर आकर्षित हुआ।

'ग्राहक सेवा योजना' की शुरुआत के साथ, विप्रो इस भीड़ में शामिल अन्यों के मुकाबले एक बिल्कुल विशिष्ट कंपनी मानी जाने लगी और इसकी वजह से उपभोक्ताओं का एक बड़ा हिस्सा उसकी ओर आकर्षित हुआ। उन्होंने यह भी सुनिश्चित किया कि कंपनी ने ग्राहक सेवा की देखभाल के लिए पर्याप्त संख्या में पेशेवरों और तकनीशियनों को नियुक्त किया है, भले ही शुरुआत में इसका मतलब कंपनी के संसाधनों पर बोझ हो। बाद में, अजीम ने स्वीकार किया, "कंप्यूटर उद्योग में हमारी सफलता का रहस्य हमारी विकसित तकनीक और बेहतर ग्राहक सेवा है।"

ग्राहक सेवा पर ध्यान केंद्रित किए जाने के फलस्वरूप बहुत ही कम समय में बहुत अच्छे फल की प्राप्ति हुई, हालाँकि कंपनी ने विज्ञापनों या फिर वितरण पर बहुत अधिक पैसा खर्च नहीं किया, इसके बावजूद, उसके उत्पाद धड़ल्ले से बिक रहे थे। एक पुरानी कहावत सच होती दिखाई दे रही थी कि एक संतुष्ट उपभोक्ता अन्य ग्राहकों की भीड़ लेकर आता है। जब भी कोई उपभोक्ता किसी समस्या से दो-चार होता तो उसकी बात को सुनने और

उसकी समस्या का हल प्रदान करने के लिए कोई-न-कोई अवश्य मौजूद होता था। इसी वजह के चलते विप्रो के उत्पादों को मुँहजुबानी प्रचार के कारण लोकप्रिय होने में समय नहीं लगा।

यह विज्ञापन करने का सबसे अच्छा तरीका है, क्योंकि उस समय ऐसा ही होता था कि क्योंकि कोई भी व्यक्ति, जो कंप्यूटर खरीदने का इच्छुक होता था, पहले किसी ऐसे व्यक्ति से राय लेता था, जिसके पास पहले से ही कंप्यूटर हो। लेखक खुद भी एक ऐसा ही उपभोक्ता था। जब संतुष्ट उपभोक्ताओं ने कंप्यूटर पर काम करने के लाभों को देखा, तो उन्होंने कई अन्य लोगों को अपने दिन-प्रतिदिन के काम में उसका उपयोग करने के लिए बढ़ावा दिया और इसने कंपनी के लिए ग्राहकों के आधार का विस्तार किया।

यह अभी भी प्रारंभिक चरण था और बैंकों और कंपनी कार्यालयों जैसे बड़े संगठनों ने उस महत्त्वपूर्ण भूमिका को पहचानना शुरू कर दिया था, जो कंप्यूटर उनके दिन-प्रतिदिन के कामकाज में निभा सकते थे। धीरे-धीरे उनमें भी कंप्यूटर आने लगे। इसने देश में कंप्यूटर शिक्षा को भी प्रोत्साहन देने का काम किया।

यह अभी भी प्रारंभिक चरण था और बैंकों और कंपनी कार्यालयों जैसे बड़े संगठनों ने उस महत्त्वपूर्ण भूमिका को पहचानना शुरू कर दिया था, जो कंप्यूटर उनके दिन-प्रतिदिन के कामकाज में निभा सकते थे। धीरे-धीरे उनमें भी कंप्यूटर आने लगे। इसने देश में कंप्यूटर शिक्षा को भी प्रोत्साहन देने का काम किया।

देश में बदलते परिदृश्य ने कंप्यूटर के साथ-साथ की-बोर्ड, चिप्स और प्रिंटर जैसे अन्य घटकों की माँग में भी वृद्धि की। इसलिए, विप्रो ने आई.बी.एम., इंटेल और सन जैसी कंपनियों से लाइसेंस प्राप्त करके इन घटकों का उत्पादन शुरू किया।

विप्रो समय के साथ सूचना प्रौद्योगिकी के क्षेत्र में चमकते सितारे की

तरह बन गया। उन कारणों के बारे में एक सवाल अकसर पूछा जाता है, जो इसके इतनी शानदार तरीके से हुई प्रगति की वजह माने जाते हैं। अन्य कारकों में, सबसे शक्तिशाली था, कंपनी के प्रबंधन के काम करने का तरीका। अन्य कंपनियों में आमतौर पर प्रबंधन उम्मीद करता है कि कर्मचारी उसके निर्देशों के अनुसार काम करेंगे, लेकिन विप्रो के साथ ऐसा नहीं था।

तुलना की जाए तो विप्रो ने न तो अपने कर्मचारियों को बहुत अधिक भुगतान किया और न ही उन्हें कोई ऐसे विशेष भत्ते या लाभ प्रदान किए, जो दूसरी कंपनियों में काम करनेवाले कर्मचारियों को आकर्षित कर सकते थे। इसके बजाय, यह प्रसिद्ध कंपनियों में कार्यरत पेशेवरों को भी अपनी ओर आकर्षित कर रही थी, क्योंकि इसने उन्हें काम करने की स्वतंत्रता प्रदान की, इसने अपने कर्मचारियों को इस प्रकार से काम करने के लिए प्रोत्साहित किया, जिससे उन्हें ऐसा प्रतीत हो कि उनकी विविध और बहुमुखी प्रतिभा और क्षमता को बाहर लाया जा सकता है। कोई भी दो व्यक्ति समान नहीं हो सकते, फिर उनके काम करने के तरीके कैसे समान हो सकते हैं? कर्मचारियों को घिसे-पिटे तरीकों पर काम करने को मजबूर न करके उन्हें आजादी प्रदान की गई और इसके परिणामस्वरूप उनका सर्वश्रेष्ठ रचनात्मक 'स्व' निकलकर बाहर आया। इस सिद्धांत ने कंपनी के लिए सफलता का मार्ग प्रशस्त किया।

> *अजीम ने शोध पर भी ध्यान दिया। एक समय, जब देश में प्रसिद्ध कंपनियों के अनुसंधान विभागों की ताकत तीस से भी कम हुआ करती थी, तब विप्रो इंफोटेक में उनके अनुसंधान विभाग ने लगभग पचास लोगों को नियुक्त किया था, जिसमें सहायक कर्मचारी भी शामिल थे, जो पूरी तरह से सिर्फ इसी काम के लिए समर्पित थे।*

अजीम ने शोध पर भी ध्यान दिया। एक समय, जब देश में प्रसिद्ध कंपनियों के अनुसंधान विभागों की ताकत तीस से भी कम हुआ करती थी,

तब विप्रो इंफोटेक में उनके अनुसंधान विभाग ने लगभग पचास लोगों को नियुक्त किया था, जिसमें सहायक कर्मचारी भी शामिल थे, जो पूरी तरह से सिर्फ इसी काम के लिए समर्पित थे। उन्होंने ऐसा इसलिए किया, क्योंकि उन्हें यकीन था कि आनेवाला समय इस क्षेत्र में शानदार उन्नति का साक्षी बनेगा।

अजीम जिस समय अपने कंप्यूटरों को बाजार में पेश कर रहे थे, बिल्कुल उसी समय, अमेरिका एक और कदम आगे बढ़ा रहा था और बाजार में पर्सनल कंप्यूटर, जिसे हम 'पीसी' भी कहते हैं, को प्रस्तुत कर रहा था। हैरानीवाली बात यह है कि जब बिल गेट्स हर घर में कंप्यूटर लाने की बात कर रहे थे, तब कुछ लोग इसे एक दूर की कौड़ी मान रहे थे, क्योंकि उन दिनों में कंप्यूटर न तो इतने सस्ते थे और न ही उन्हें इस्तेमाल करना इतना आसान था। इसके अलावा, उस समय तक उनकी तकनीक नवजात अवस्था में ही थी और आम लोगों को इसका उपयोग करना बेहद कठिन लगता था। इनकी ओर आकर्षित होनेवाले कई लोगों को अपने कदम सिर्फ इसलिए दूर खींच लेने पड़े, क्योंकि इनके काम करने का तरीका बेहद जटिल था। अगर किसी चीज का इस्तेमाल आम लोगों द्वारा किया जाना अपेक्षित है, तो उसका संचालन सरल होने के साथ-साथ वो उपयोगी भी होना चाहिए। वो अपने विशाल आकार के साथ, सिर्फ एक सजावटी सामान का रूप नहीं ले सकता।

बिल गेट्स जैसे उद्यमी कंप्यूटर को और अधिक छोटा, और अधिक उपयोगी बनाने की दिशा में आगे बढ़ रहे थे और वे इसके लिए, प्रौद्योगिकी विकसित करने के तमाम प्रयास कर रहे थे, ताकि इन्हें सभी लोगों के लिए स्वीकार्य बनाया जा सके। अगर आज हम कंप्यूटर को मानव गतिविधि के प्रत्येक क्षेत्र में घुसपैठ करते हुए पाते हैं।

बिल गेट्स जैसे उद्यमी कंप्यूटर को और अधिक छोटा, और अधिक उपयोगी बनाने की दिशा में आगे बढ़ रहे थे और वे इसके लिए, प्रौद्योगिकी

विकसित करने के तमाम प्रयास कर रहे थे, ताकि इन्हें सभी लोगों के लिए स्वीकार्य बनाया जा सके। अगर आज हम कंप्यूटर को मानव गतिविधि के प्रत्येक क्षेत्र में घुसपैठ करते हुए पाते हैं। तो इसका श्रेय उन शोधकर्ताओं को जाना चाहिए, जिन्होंने इस स्थिति को लाने में कोई कसर नहीं छोड़ी है; और वे अभी भी इसे और अधिक उपयोगी बनाने के काम में जुटे हुए हैं।

प्रारंभिक चरण में, शोधकर्ताओं का पूरा ध्यान कंप्यूटर को उपयोग में आसान बनाने पर था। पर्सनल कंप्यूटरों ने दुनिया में 'सिलिकॉन क्रांति' की शुरुआत की और दुनिया अब पहले जैसी बिल्कुल भी नहीं रहनेवाली थी।

विप्रो ने भी इस क्रांति में भाग लेने का निर्णय लिया और वो इस खंड में होनेवाले घटनाक्रमों का सूक्ष्मता से निरीक्षण कर रहा था। इसका अनुसंधान विभाग इस दिशा में काम कर रहा था।

अजीम ने इस क्षेत्र में एक बेहद महत्त्वपूर्ण बिंदु पर ध्यान दिया कि स्थापित कंपनियाँ, जिनमें आई.बी.एम. भी शामिल थी, पुरजों का निर्माण खुद करने के स्थान पर अन्य कंपनियों से पुरजे प्राप्त कर रही थीं और उन्हें असेंबल कर रही थीं; और ऐसा करते हुए वे अपना समय और श्रम बचा रही थीं। वे इस नतीजे पर पहुँचे कि अगर असेंबल करने के लिए स्पेयर पार्ट्स को स्रोत किया जाता है तो किसी भी चीज का उत्पादन करना संभव है। उन्होंने पाया कि कंप्यूटर के कलपुरजे और स्पेयर पार्ट्स खुले बाजार में उपलब्ध थे और इन्हें पर्सनल कंप्यूटरों को असेंबल करने के लिए आसानी से खरीदा जा सकता था।

अजीम ने इस क्षेत्र में एक बेहद महत्त्वपूर्ण बिंदु पर ध्यान दिया कि स्थापित कंपनियाँ, जिनमें आई.बी. एम. भी शामिल थी, पुरजों का निर्माण खुद करने के स्थान पर अन्य कंपनियों से पुरजे प्राप्त कर रही थीं और उन्हें असेंबल कर रही थीं; और ऐसा करते हुए वे अपना समय और श्रम बचा रही थीं।

पी.सी. आम लोगों के लिए भी काफी व्यावहारिक और उपयोगी साबित

हुआ और इसने इनकी माँग को और अधिक बढ़ाया, क्योंकि अधिक-से-अधिक लोग अपने पेशेवर और व्यक्तिगत उपयोग के लिए इन्हें अपने पास रखना चाहते थे। तमाम कंप्यूटर कंपनियाँ इस तरीके से पैसे कमा रही थीं, इसलिए विप्रो ने भी इस दौड़ में कूदने का फैसला किया।

भारत में 'सिलिकॉन क्रांति' की शुरुआत तब हुई, जब विप्रो इस क्षेत्र में शरीर और आत्मा के साथ उतरी, लेकिन इसने खुद को सिर्फ पुरजों की खरीद तक ही सीमित नहीं रखा; बल्कि इसने अपने स्वयं के सॉफ्टवेयर को विकसित करने पर भी ध्यान दिया, जिसका उपयोग विभिन्न अनुप्रयोगों में किया जा सकता था। उनके अनुसंभान विभाग को हार्डवेयर और सॉफ्टवेयर के क्षेत्र में काम करने की पूरी छूट प्रदान की गई थी और नवीन विचारों को आजमाया भी गया था, हालाँकि उनमें से सभी फायदेमंद साबित नहीं हुए। माइक्रोसॉफ्ट से संकेत लेते हुए, विप्रो ने वर्ड प्रोसेसर (कंपोजिंग में मदद करने के लिए) और विप्रो 456 (खातों को रखने में मदद करने के लिए) नामक दो नए एप्लिकेशन विकसित किए, लेकिन कंपनी ने पाया कि उनके लिए खरीदार ही नहीं थे। इसके चलते कंपनी को अपनी मानसिकता में यह बदलाव करना पड़ा कि उन्हें उन एप्लीकेशनों का विकास नहीं करना चाहिए, जिनके बारे में उन्हें लगता है कि उपभोक्ताओं को उनकी आवश्यकता है, बल्कि उन्हें सिर्फ उन्हीं एप्लीकेशनों के विकास पर अपना पूरा ध्यान केंद्रित करना चाहिए, जिनकी माँग उपभोक्ताओं द्वारा विशेष रूप से की जाती है।

> ***विप्रो ने खुद को सिर्फ कंप्यूटरों तक ही सीमित नहीं रखा। उसने खुद को विभिन्न उत्पादों में भी आजमाया और यह उनमें भी अच्छा प्रदर्शन कर रही थी। इसके तमाम उत्पाद बाजार के अगुआओं की श्रेणी में शामिल थे और ये तमाम नामचीन कंपनियों को कड़ी चुनौती दे रहे थे।***

विप्रो ने खुद को सिर्फ कंप्यूटरों तक ही सीमित नहीं रखा। उसने खुद को विभिन्न उत्पादों में भी आजमाया और यह उनमें भी अच्छा प्रदर्शन कर

रही थी। इसके तमाम उत्पाद बाजार के अगुआओं की श्रेणी में शामिल थे और यह तमाम नामचीन कंपनियों को कड़ी चुनौती दे रहे थे। इसका सबसे अच्छा उदाहरण है, उनका साबुन 'संतूर', जिसे 1986 में लॉन्च किया गया था और 2019 आते-आते यह 2,000 करोड़ रुपए की बिक्री के आँकड़े को पार करनेवाला पहला भारतीय साबुन का ब्रांड बन गया और इस क्रम में उसने हिंदुस्तान यूनिलीवर के सबसे प्रसिद्ध ब्रांड 'लक्स' को भी पछाड़ दिया। विप्रो ने उपभोक्ता देखभाल खंड में भी अपनी छाप छोड़ी है, जो उसे एक बिलियन डॉलर से अधिक की बिक्री देती है। इसने हैंडवाश, बॉडीवॉश और टैल्कम पाउडर के साथ-साथ डिटर्जेंट सहित विभिन्न क्षेत्रों में अपनी उपस्थिति दर्ज कराई है।

> ***विविधता लाने के अपने प्रयासों के तहत, अजीम अपने कर्मचारियों पर पूरा भरोसा जरूर करते हैं, लेकिन इसका मतलब यह नहीं है कि वे चीजों पर खुद नजर नहीं रखते हैं। उन्हें अकसर बाजारों में व्यापारियों को यह बात समझाते हुए देखा जा सकता था कि विप्रो के उत्पाद आखिर कैसे उनके और उनके उपभोक्ताओं के लिए फायदेमंद हैं।***

ऐसा संभव नहीं है कि कोई भी कंपनी जिस भी क्षेत्र में कदम रखे, उसमें सफल ही हो और विप्रो भी कोई अपवाद नहीं थी। इसको भी बाधाओं और विपरीत परिस्थितियों का सामना करना पड़ा; जैसा कि इसे डिटर्जेंट के सेगमेंट में करना पड़ा, लेकिन कुल मिलाकर इसने बाजार और उपभोक्ताओं की मानसिकता पर एक बिल्कुल अलग छाप छोड़ी है, जैसा कि उन्होंने एक बार स्टैनफोर्ड में अपने दर्शकों को बताया था कि 'बहुत से बुरे विचारों के बिना कुछ अच्छे विचारों को उत्पन्न करना बिल्कुल असंभव है। असफलता जीवन का हिस्सा है, इसे जल्दी से माफ कर दिया जाना और भूल जाना चाहिए और सफलता प्राप्त करने के लिए नए सिरे से प्रयास करना चाहिए।'

विविधता लाने के अपने प्रयासों के तहत, अजीम अपने कर्मचारियों पर

पूरा भरोसा जरूर करते हैं, लेकिन इसका मतलब यह नहीं है कि वे चीजों पर खुद नजर नहीं रखते हैं। उन्हें अकसर बाजारों में व्यापारियों को यह बात समझाते हुए देखा जा सकता था कि विप्रो के उत्पाद आखिर कैसे उनके और उनके उपभोक्ताओं के लिए फायदेमंद हैं। उन्होंने अपने इस तरीके को तब तक अपनाए रखा, जब तक कि उनका खुद का चेहरा एक नामचीन शख्सियत में नहीं बदल गया।

इस पूरे समय के दौरान विप्रो की सबसे बड़ी विशेषता अपनी श्रमशक्ति को अपने साथ बनाए रखने की क्षमता थी। एक तरफ जब इसने सबसे प्रसिद्ध कंपनियों और संस्थानों में काम करनेवाले उच्च पेशेवरों को अपनी ओर आकर्षित किया था, यह उन्हें लंबे समय तक अपने साथ जोड़े रखने में सफल रही और यह एक ऐसी उपलब्धि थी, जिसमें बड़ी कंपनियाँ भी विफल हो गई थीं। उनमें से कई तो कंपनी से ही सेवानिवृत्त हुए और ऐसा सिर्फ उस माहौल की वजह से संभव हो सका, जो अजीम ने कंपनी में तैयार किया था। सभी कर्मचारी यह स्वीकार करते हैं कि वे बहुत अधिक वेतन देनेवाले तो नहीं हैं, लेकिन फिर भी वे ऐसे तरीके से और ऐसे माहौल में भुगतान करते हैं, जिसमें वे हर चीज को लेकर संतुष्ट हो जाते हैं। आखिरकार, पैसा ही सबकुछ नहीं है!

□

विप्रो का वैश्विक होना

अब अजीम प्रेमजी के लिए अपने पंखों को दूर तक फैलाने का मंच सज चुका था और उन्होंने धमाके के साथ ऐसा करने का निर्णय लिया। विप्रो ने 1980 में अंतरराष्ट्रीय मानकों को ध्यान में रखते हुए अपने कंप्यूटर खंड को मजबूत किया और सारा ध्यान अनुसंधान और विकास पर केंद्रित कर दिया। अजीम प्रेमजी ने बिल्कुल प्रारंभ से ही अपने उपभोक्ताओं के हितों का ध्यान रखने में गहन दिलचस्पी प्रदर्शित की थी, ताकि उनके पास ऐसे उपभोक्ताओं की एक लंबी कतार मौजूद हो, जो हर हालात, चाहे वो अच्छे हों या फिर बुरे, में कंपनी के साथ खड़े हों। वे अब विप्रो की सेवा क्षमता को अंतरराष्ट्रीय स्तर पर विस्तारित करने के बारे में सोच रहे थे; वो दुनिया भर में मौजूद उपभोक्ताओं तक कंपनी की सेवाएँ पहुँचाना चाहते थे।

उपभोक्ता सेवा व्यवसाय बिल्कुल उत्पाद सेवा व्यवसाय की ही तरह था; हालाँकि इसमें केवल सेवा ही प्रदान की जाती थी। विप्रो ने सेवा और अनुसंधान की शाखा में एक बड़ी श्रमशक्ति तैयार कर ली थी, जबकि उस समय सेवा प्रदान करनेवाले तकनीशियनों और पेशेवरों की बहुत अधिक माँग थी। यह बिल्कुल उस मौके की तरह था कि आप एक सिले-सिलाए परिधान को खरीदने के स्थान पर एक ऐसे दर्जी की सेवाएँ लेने का फैसला करें, जो अपनी माँग के हिसाब से कपड़े सिलने के लिए आपके घर आया

है। इस योजना के तहत, प्रशिक्षित श्रमशक्ति को पूरी दुनिया में फैले हुए उपभोक्ताओं की विशिष्ट आवश्यकताओं के अनुसार सेवा प्रदान करने के लिए उन तक पहुँचना था। ये विशेषज्ञ उपभोक्ता को उनके अपने उद्देश्य की पूर्ति के लिए आधारभूत संरचना तैयार करने में मदद करते। यह एक प्रकार से उस अनुभव को बेचने जैसा था, जो अजीम के पेशेवरों ने उस समय के साथ विकसित किया था। यह विशेषज्ञ विशेष रूप से उन उपभोक्ताओं को पसंद आते, जिन्हें अपने कार्यस्थल पर कंप्यूटर इंस्टॉल करवाना था या फिर जो कंप्यूटर, कैलकुलेटर या उनसे संबंधित उपकरणों का निर्माण करते थे।

ऐसा करते हुए विप्रो सिर्फ सेवा प्रदान कर रहा था और उनका उत्पाद या उसकी रॉयल्टी या फिर कॉपीराइट पर किसी भी प्रकार का कोई दावा नहीं बनता था; वो अब भी उपभोक्ता के पास ही रहता। यह विप्रो के स्तर पर एक बेहद महत्त्वपूर्ण निर्णय था। इस बदलाव को इसलिए अमल में लाना पड़ा, क्योंकि 1990 के दशक के प्रारंभ में, आर्थिक नीतियों में बदलाव के चलते बाजार में खुलापन आ रहा था और ऐसा होने के चलते विदेशी कंपनियों के लिए दरवाजे खुलते, जो आकर बाजार में तहलका मचा देतीं और इसके परिणामस्वरूप स्थानीय कंपनियों के लिए प्रतिस्पर्धा में बने रहना नामुमकिन हो जाता।

विदेशी दिग्गजों की तुलना में विप्रो अभी भी एक विकासशील कंपनी थी और उसके लिए इनसे प्रतिस्पर्धा करना एक बड़ी चुनौती होती। इसलिए अनिश्चितता की एक भावना सामने थी। इसके अलावा, कंपनी अभी भी विदेश में एक बड़ा निवेश करने की स्थिति में नहीं थी।

विदेशी दिग्गजों की तुलना में विप्रो अभी भी एक विकासशील कंपनी थी और उसके लिए इनसे प्रतिस्पर्धा करना एक बड़ी चुनौती होती। इसलिए अनिश्चितता की एक भावना सामने थी। इसके अलावा, कंपनी अभी भी विदेश में एक बड़ा निवेश करने की स्थिति में नहीं थी। लेकिन उसके पास

श्रमशक्ति जरूर मौजूद थी, इसलिए कंपनी ने वैश्विक बाजार में उतरते हुए इसका इस्तेमाल करने का बुद्धिमानी भरा फैसला लिया।

अजीम ने माहौल पर नजर डाली और यह महसूस किया कि विप्रो की क्षमता ज्ञान हासिल करने और आधुनिक तकनीक में अनुभव प्राप्त करने में निहित है, जिसे वो अपनी विशेषज्ञता के निर्यात के जरिए कर सकती है। इसी सोच के साथ विप्रो ने अपने विशेषज्ञों के निर्यात का फैसला किया। जो उपभोक्ता के साथ काम करते और इस दौरान उन्हें विप्रो के फंड से भुगतान किया जाता। इस प्रकार के सेवा प्रावधान को 'आउटसोर्सिंग' कहा जाने लगा है और यह पूरी दुनिया में चर्चा का एक विषय बन गया है, लेकिन यह विशेष रूप से विप्रो की मूल अवधारणा थी।

अजीम ने माहौल पर नजर डाली और यह महसूस किया कि विप्रो की क्षमता ज्ञान हासिल करने और आधुनिक तकनीक में अनुभव प्राप्त करने में निहित है, जिसे वो अपनी विशेषज्ञता के निर्यात के जरिए कर सकती है। इसी सोच के साथ विप्रो ने अपने विशेषज्ञों के निर्यात का फैसला किया।

अब, विप्रो के पेशेवर इस प्रकार की सेवा को लेकर विश्वास दिलवाने के लिए विभिन्न संस्थानों से मिलते और वे अधिक लोगों को समझाने में सक्षम नहीं रहे; इसके बावजूद उन्हें कुछ उपभोक्ता जरूर मिले और इस प्रकार उनके इस नए दृष्टिकोण ने आकार लेना शुरू कर दिया था। इस दृष्टिकोण का सबसे महत्त्वपूर्ण बिंदु यह था कि विप्रो कई बहुराष्ट्रीय कंपनियों को अपने उपभोक्ताओं की सूची में शामिल करने में सफल रहा, जिनमें मोटोरोला और इंटेल जैसे दिग्गज शामिल थे। चूँकि विप्रो अभी तक एक अधिक जाना-पहचाना नाम नहीं था, इसलिए इसे कुछ समस्याओं का सामना करना पड़ा, लेकिन इसके बावजूद इसकी शुरुआत को अच्छा कहा जा सकता था।

इसके अलावा, अजीम ने विप्रो को लेकर उपभोक्ताओं के रवैए में बदलाव लाने का भी फैसला किया। कंपनी की आउटसोर्सिंग सेवाएँ बेहद

वहन किए जाने योग्य थीं, लेकिन अजीम नहीं चाहते थे कि उनकी कंपनी को सिर्फ सस्ती सेवाएँ प्रदान करनेवाली एक कंपनी के रूप में पहचाना जाए, बल्कि वो यह चाहते थे कि कंपनी को अंतरराष्ट्रीय मानकोंवाली सर्वोत्तम सेवाओं के लिए पहचाना जाए। उन्होंने यह महसूस किया कि अगर उनके उपभोक्ताओं को लगता है कि उनकी सेवाएँ सिर्फ सस्ती भर हैं तो किसी भी अन्य सेवा प्रदाता के उनसे सस्ती सेवाएँ प्रदान करते ही उपभोक्ता अपनी वफादारी बदलने में जरा भी देर नहीं लगाएँगे।

अजीम ने खुद कई बार इन विशेषज्ञों के साथ यात्राएँ कीं और इस दौरान उन्होंने यह भी सुनिश्चित किया कि वे पैसा भी बचाएँ। वे इकोनॉमी क्लास में यात्रा करते और कई बार तो उनमें से चार या फिर पाँच लोग एक ही कार में ठुँस जाते; उन्होंने महँगी कारों में सफर करने के मुकाबले साधारण सिडान में यात्राएँ कीं; हालाँकि वे हर बार ऐसा करने में सफल नहीं रहे, क्योंकि कुछ पेशेवरों को ऐसा महसूस हुआ कि इन साधारण सिडान में यात्रा करना उनकी गरिमा (और अहंकार) के प्रतिकूल है। यह लोग कई बार तो अपने कार्यालयों में या फिर होटल के कमरे में दो या उससे अधिक के समूह में रुके। अजीम ने खुद भी दूसरों के साथ कमरा साझा करते हुए बजट होटलों में रहने का फैसला किया।

अजीम ने खुद कई बार इन विशेषज्ञों के साथ यात्राएँ कीं और इस दौरान उन्होंने यह भी सुनिश्चित किया कि वे पैसा भी बचाएँ। वे इकोनॉमी क्लास में यात्रा करते और कई बार तो उनमें से चार या फिर पाँच लोग एक ही कार में ठुँस जाते; उन्होंने महँगी कारों में सफर करने के मुकाबले साधारण सिडान में यात्राएँ कीं...

उन्होंने इसके बावजूद अच्छा काम किया और अपने लिए उपभोक्ता पाने में सफल रहे। उनका प्रमुख उद्देश्य था, अपने उपभोक्ता की पूर्ण संतुष्टि पर सारा ध्यान केंद्रित करना, जो आगे जाकर उनके लिए सबसे अच्छा

विज्ञापन साबित होनेवाले थे। नए उपभोक्ताओं को पाना बिल्कुल भी आसान काम नहीं था। उन्होंने अमेरिका के कई शहरों का दौरा किया। कई कार्यालयों में तो उनके साथ अवांछित मेहमानों जैसा सुलूक किया गया, जबकि कुछ में उन्हें सीधे इनकार ही कर दिया गया, जबकि कुछ शिष्ट कंपनियों ने उन्हें यह कहकर टाल दिया कि उपयुक्त समय आने पर उन्हें निर्णय से अवगत करवा दिया जाएगा। बहाना चाहे जो भी हो, उनके ग्राहकों की संख्या बेहद कम थी।

इन तमाम प्रयासों के परिणामस्वरूप विप्रो जी.ई. (जनरल इलेक्ट्रिक) के रूप में एक सम्मानित और प्रतिष्ठित उपभोक्ता पाने में सफल रही। यह दोनों कंपनियाँ पहले से ही चिकित्या उपकरणों के उत्पादन में सहयोगी थीं और यह बहुराष्ट्रीय कंपनी विप्रो की क्षमता को लेकर पूरी तरह से आश्वस्त थीं।

इन तमाम प्रयासों के परिणामस्वरूप विप्रो जी.ई. (जनरल इलेक्ट्रिक) के रूप में एक सम्मानित और प्रतिष्ठित उपभोक्ता पाने में सफल रही। ये दोनों कंपनियाँ पहले से ही चिकित्या उपकरणों के उत्पादन में सहयोगी थीं और ये बहुराष्ट्रीय कंपनी विप्रो की क्षमता को लेकर पूरी तरह से आश्वस्त थीं।

जब जी.ई. ने आखिरकार इस क्षेत्र में प्रवेश करने का फैसला किया, तो उसने सबसे पहले दो सेवा प्रदाताओं एच.सी.एल. टेक्नोलॉजीज और विप्रो पर सारा ध्यान केंद्रित किया। 1989 की गरमियों के दौरान जी.ई. के अमेरिका स्थित कार्यालय से एक चार सदस्यीय टीम अंततः यह तय करने के लिए भारत आई कि इन दोनों कंपनियों में से कौन सी कंपनी उनकी आवश्यकताओं की पूर्ति करने के लिए अधिक उपयुक्त है। उनकी योजना दोनों ही सेवा प्रदाताओं के यहाँ जाने की थी, पहलेवाले की दिल्ली में और दूसरे के यहाँ मैसूर और बैंगलोर में।

टीम सबसे पहले दिल्ली पहुँची और एच.सी.एल. टेक्नोलॉजीज ने प्रस्तुतियाँ दीं और आगंतुकों द्वारा पूछे गए तमाम सवालों के उत्तर दिए। आगंतुक इस बात को लेकर पूरी तरह से आश्वस्त थे कि एच.सी.एल. एक

अच्छा विकल्प था और साथ ही उन्हें यह भी महसूस हुआ कि अब बैंगलोर जाने की कोई आवश्यकता नहीं है और इसलिए उन्होंने विप्रो को एक संदेश भेज दिया कि प्रस्तावित यात्रा को रद्द कर दिया गया है।

हालाँकि संदेश में इस बात का कोई कारण स्पष्ट नहीं किया था कि आखिरकार अंतिम समय में बैठक को क्यों रद्द किया गया है। विप्रो की टीम ने जब जी.ई. की टीम से संपर्क किया तो उन्होंने अधिक कुछ तो नहीं किया, लेकिन उन्होंने इस बात का इशारा जरूर किया कि संयुक्त उद्यम के लिए एच.सी.एल. टेक्नोलॉजीज को चुन लिया गया है और एक बार ऐसा कर लिये जाने के बाद, बैंगलोर का दौरा और कुछ नहीं सिर्फ समय और श्रम की बरबादी ही होगा।

मामला बेहद गंभीर था, क्योंकि विप्रो की टीम को लगा कि उन्हें सुनवाई का मौका दिए बिना ही खारिज कर दिया गया है; और पूरे मामले को तुरंत अजीम के संज्ञान में लाया गया। शीर्ष प्रबंधक तुरत-फुरत में बैठे और इस नतीजे पर पहुँचे कि कुछ किए जाने की आवश्यकता है और वो भी तात्कालिक आधार पर।

मामला बेहद गंभीर था, क्योंकि विप्रो की टीम को लगा कि उन्हें सुनवाई का मौका दिए बिना ही खारिज कर दिया गया है; और पूरे मामले को तुरंत अजीम के संज्ञान में लाया गया। शीर्ष प्रबंधक तुरत-फुरत में बैठे और इस नतीजे पर पहुँचे कि कुछ किए जाने की आवश्यकता है और वो भी तात्कालिक आधार पर। उन्होंने खुद ही मामले से निबटने का फैसला किया। उन्होंने एक विस्तृत पत्र लिखा। दस पन्नों के इस संदेश में, विप्रो की विचारधारा और सिद्धांतों और इसकी ताकत के बारे में बताया गया और साथ ही यह भी कि यह क्यों जी.ई. के लिए एक ठीक विकल्प रहेगा। साथ ही उन्होंने यह भी कहा कि अगर जी.ई. को वास्तव में सिद्धांतों के आधार पर टिके रहना है, तो उसे विप्रो का मूल्यांकन भी जरूर करना चाहिए और फिर पूरी ताकत और क्षमता के आधार पर यह तय करना

चाहिए कि दोनों भारतीय कंपनियों में से कौन सी कंपनी अमेरिकी समूह की भागीदार बननी चाहिए।

इस पत्र को जी.ई. के अध्यक्ष जैक वेल्च को फैक्स किया गया, जिनके चिकित्सा उपकरण के निर्माण के काम में संग-साथ होने के चलते पहले से ही अजीम प्रेमजी के साथ अच्छे ताल्लुक थे, हालाँकि दोनों पहले कभी एक-दूसरे से मिले नहीं थे। अजीम को लगा कि उन्हें सिर्फ फैक्स भेजना ही उचित नहीं है, इसलिए उन्होंने उसकी प्रतियाँ मिल्वौकी स्थित जी.ई. के चिकित्सा व्यापार के मुख्यालय और टोक्यो स्थित क्षेत्रीय मुख्यालय को भी भेजीं।

वेल्च ने इस पत्र को पढ़ने के बाद इस बात का स्पष्टीकरण माँगा कि आखिर क्यों मेहमान टीम बिना विप्रो का मूल्यांकन किए अंतिम फैसले तक पहुँची? और इसे जी.ई. के कदवाली एक कंपनी के लिए स्वस्थ आचरण बिल्कुल भी नहीं कहा जा सकता। मेहमान टीम ने जवाब दिया कि उन्होंने एच.सी.एल. के पक्ष में फैसला इसलिए लिया, क्योंकि इसमें भारत जैसे एक जटिल बाजार में विजेता बनने की पूरी क्षमता मौजूद थी और शायद विप्रो ऐसा करने में विफल रहती, इसलिए वो इस वैश्विक दिग्गज के लिए एक आदर्श भागीदार साबित नहीं हो सकती थी।

इस पत्र को जी.ई. के अध्यक्ष जैक वेल्च को फैक्स किया गया, जिनके चिकित्सा उपकरण के निर्माण के काम में संग-साथ होने के चलते पहले से ही अजीम प्रेमजी के साथ अच्छे ताल्लुक थे, हालाँकि दोनों पहले कभी एक-दूसरे से मिले नहीं थे।

वेल्च की सोच बिल्कुल अलग थी। उन्होंने इस बात पर जोर दिया कि किसी भी कंपनी को खुद को साबित करने का मौका दिए बिना सिर्फ इसलिए अस्वीकार करना बिल्कुल भी तर्कसंगत नहीं है, क्योंकि आपको लगता है कि वो अच्छा करने में सफल नहीं रहेगी। उन्हें वास्तव में अजीम की तत्परता और जोश बेहद पसंद आया। इस प्रकार से मेहमान टीम ने एक बार फिर विप्रो का मूल्यांकन करने के लिए बैंगलोर आने की योजना तैयार की।

टीम ने अगले दो दिनों में बैंगलोर और मैसूर का दौरा किया और इसका नतीजा यह हुआ कि विप्रो को वरीय भागीदार पाया गया। यह अजीम प्रेमजी की सच्ची भावना का ही नतीजा था, जिन्होंने जो कुछ भी किया, उसमें उत्कृष्टता को लक्ष्य बनाया और अगर उन्हें लगा कि वे सर्वश्रेष्ठ नहीं हैं, तो चाहे जो कुछ भी हो जाए, वो इसके लिए प्रयास करते रहेंगे। इस प्रकार से विप्रो और जी.ई. 1990 में एक और साझेदारी तक पहुँचे। चूँकि उस समय भारतीय कानूनों के अनुसार, जी.ई. के पास अपने भारतीय भागीदार के मुकाबले अधिक हिस्सा नहीं हो सकता था, संयुक्त उद्यम में इसकी हिस्सेदारी 40 प्रतिशत तक सीमित थी, जबकि शेष विप्रो के पास थी। अर्थव्यवस्था के खुलने के बाद जी.ई. की हिस्सेदारी बढ़ाकर 51 प्रतिशत कर दी गई।

यह संयुक्त उद्यम आज की तारीख तक भी फल-फूल रहा है। इस संयुक्त उद्यम के 30 साल पूरे होने के मौके पर आयोजित हुए एक समारोह में अजीम ने इस बारे में बताया कि कैसे इस संयुक्त उद्यम ने देश के हर गली और नुक्कड़ तक आम आदमी के लिए चिकित्सा सुविधाओं को पहुँचाने में मदद की थी और इसने कैसे लोगों को एक स्वस्थ जीवन जीने के लिए प्रेरित किया था।

यह संयुक्त उद्यम आज की तारीख तक भी फल-फूल रहा है। इस संयुक्त उद्यम के 30 साल पूरे होने के मौके पर आयोजित हुए एक समारोह में अजीम ने इस बारे में बताया कि कैसे इस संयुक्त उद्यम ने देश के हर गली और नुक्कड़ तक आम आदमी के लिए चिकित्सा सुविधाओं को पहुँचाने में मदद की थी और इसने कैसे लोगों को एक स्वस्थ जीवन जीने के लिए प्रेरित किया था। आज की तारीख में जी.ई. हेल्थकेयर चिकित्सा निदानिकी के क्षेत्र में एक वैश्विक अगुआ और मागदर्शक है और इसने बेहद अच्छा प्रदर्शन भी किया है, क्योंकि विप्रो को भारतीय बाजार और ग्राहकों की जरूरतों के बारे में अच्छी समझ है। यह साझेदारी देश और देशवासियों के हितों की सेवा करने

की दिशा में निरंतर आगे बढ़ी है। अजीम के शब्दों में, इस संयुक्त उद्यम का सबसे बड़ा योगदान है—'भारत-नेपाल सीमा पर स्थित महाराजगंज और बिहार में पूर्णिया जैसे स्थानों पर सीटी स्कैन की कल्पना कौन कर सकता था! उत्तर-पूर्व के दूर-दराज के स्थानों से लेकर नीलगिरि स्थित कुन्नूर तक, प्रतिवर्ष दो मिलियन लोगों के जीवन को प्रभावित करते हुए।' उन्होंने कहा कि उन्होंने इस बात की चिंता की कि लोगों को चिकित्सा सुविधा प्राप्त करने के लिए लंबी दूरी की यात्रा न करनी पड़े, विशेषकर कैंसर के इलाज में, क्योंकि विप्रो और जी.ई. ने मरीजों की मदद करने के लिए अपने उपकरणों के साथ कैंसर केंद्रों को तैयार किया है।

सेवा के क्षेत्र में विप्रो और जी.ई. के संयुक्त उद्यम को अंतिम रूप मिल जाने के बाद, विप्रो ने क्षेत्र में जोरदार तरीके से आगाज किया, हालाँकि उसने यह स्पष्ट कर दिया था कि यह सिर्फ एक कर्मचारी प्रदान करनेवाली कंपनी नहीं होने जा रही थी, जो अपने उपभोक्ताओं को आई.टी. समाधान उपलब्ध करवाती या फिर उनकी प्रौद्योगिकी का प्रबंधन करती। इस सोच ने कंपनी को और अधिक प्रगति की राह पर पहुँचा दिया। यह एक ऐसी कंपनी के लिए बहुत अच्छी छलाँग थी, जो वनस्पति तेल बनाने के साथ शुरू हुई थी और उसके बाद साबुन का निर्माण कर रही थी, लेकिन अब उत्पादों की एक विस्तृत श्रृंखला के निर्माण में शामिल थी और अब उसने सेवा के क्षेत्र में भी एक बढ़त हासिल कर ली थी, वो भी अपने उपभोक्ताओं की सूची में अंतरराष्ट्रीय गुटों को जीतकर।

सेवा के क्षेत्र में विप्रो और जी.ई. के संयुक्त उद्यम को अंतिम रूप मिल जाने के बाद, विप्रो ने क्षेत्र में जोरदार तरीके से आगाज किया, हालाँकि उसने यह स्पष्ट कर दिया था कि यह सिर्फ एक कर्मचारी प्रदान करनेवाली कंपनी नहीं होने जा रही थी, जो अपने उपभोक्ताओं को आई.टी. समाधान उपलब्ध करवाती या फिर उनकी प्रौद्योगिकी का प्रबंधन करती।

विप्रो के इतिहास में जी.ई. का एक महत्त्वपूर्ण स्थान रहा है। दोनों उस समय एक साथ आए थे, जब उन्होंने एक साथ चिकित्सा उपकरण बनाने का फैसला किया था, जब विप्रो ने आई.टी. के क्षेत्र में प्रवेश करने का फैसला किया, तो जी.ई. उसके प्रारंभिक उपभोक्ताओं में से एक था। एक साथ किए जानेवाला व्यापार चाहे जितना भी हो, जी.ई. के साथ संयुक्त उद्यम होने का मतलब वाणिज्य की दुनिया में उच्च प्रतिष्ठा माना जाता है और जहाँ तक अधिक-से-अधिक उपभोक्ता पाने का संबंध है तो विप्रो को इसका भरपूर फायदा मिला। इसी वजह के चलते विप्रो में कार्यरत लोगों के मन में जी.ई. के प्रति बेहद सम्मान की भावना है, बाजार में उसके कद के चलते नहीं, बल्कि उसकी नैतिकता के चलते भी और वो अमेरिका में जो कुछ भी है, उसके चलते भी।

विप्रो में जी.ई. के लिए बहुत सम्मान है, लेकिन इसका कभी भी यह मतलब नहीं है कि विप्रो हर उस चीज का आँखें मूँदकर अनुसरण कर रही है, जो जी.ई. कर रहा है; उसने अपने फैसले खुद लिये। 1999 में, जी.ई. ने विप्रो में निवेश करने की इच्छा व्यक्त की थी, लेकिन अजीम ने बेहद विनम्रता के साथ मना कर दिया।

विप्रो में जी.ई. के लिए बहुत सम्मान है, लेकिन इसका कभी भी यह मतलब नहीं है कि विप्रो हर उस चीज का आँखें मूँदकर अनुसरण कर रही है, जो जी.ई. कर रहा है; उसने अपने फैसले खुद लिये। 1999 में, जी.ई. ने विप्रो में निवेश करने की इच्छा व्यक्त की थी, लेकिन अजीम ने बेहद विनम्रता के साथ मना कर दिया। बिल्कुल ऐसे ही प्रस्ताव अन्य कंपनियों की तरफ से आए थे, जिनमें माइक्रोसॉफ्ट भी शामिल थी। ऐसा कहा जाता था कि वो विप्रो में अपने दस फीसदी शेयर निवेश करने को तैयार थी; लेकिन जब अजीम से इस बारे में पूछा गया तो उन्होंने स्पष्ट रूप से कह दिया कि ऐसा कुछ भी नहीं है और न ही ऐसा होना संभव है। यह अभी भी वास्तविकता है, क्योंकि कंपनी

के अधिकांश शेयर प्रेमजी के परिवार के पास हैं। इसके अलावा, इस बात से कंपनी का अपने मामलों को लेकर दृढ़ रवैया भी पता चलता है और यह भी कि वो इस बात से मार्गदर्शित नहीं होती कि दूसरी कंपनियाँ उसके बारे में क्या सोचती हैं? अजीम इस बात को लेकर बिल्कुल स्पष्ट हैं कि वे क्या चाहते हैं! वे नहीं चाहते हैं कि विप्रो किसी भी अन्य संस्था के अधीन हो, चाहे वो कितनी ही बड़ी क्यों न हो!

अगर विप्रो कंप्यूटर और आई.टी. के क्षेत्र में अच्छा कर रही थी तो ऐसा सिर्फ प्रौद्योगिकी के प्रति उसके समर्पण के चलते था। वो सिर्फ एक विशेष स्तर की प्रौद्योगिकी पर निर्भर नहीं थी और न ही उसके साथ एक लंबी अवधि तक बनी रहती थी। बल्कि वो लगातार ऐसे अवसरों की तलाश में रहती थी, जिसमें वो उच्च स्तर की प्रौद्योगिकी को गले लगा सके और तदनुसार अपने दृष्टिकोण और कार्यप्रणाली में बदलाव ला सके। सिर्फ इसी वजह के चलते विप्रो 1980 के दशक के उत्तरार्ध से देश के शीर्ष दो प्रौद्योगिकी और हार्डवेयर विक्रेताओं में अपना स्थान बनाए रखने और साथ ही अंतरराष्ट्रीय क्षेत्र में भी अपना नाम बनाए रखने में कामयाब रही है।

अगर विप्रो कंप्यूटर और आई.टी. के क्षेत्र में अच्छा कर रही थी तो ऐसा सिर्फ प्रौद्योगिकी के प्रति उसके समर्पण के चलते था। वो सिर्फ एक विशेष स्तर की प्रौद्योगिकी पर निर्भर नहीं थी और न ही उसके साथ एक लंबी अवधि तक बनी रहती थी।

हालाँकि, हार्डवेयर के व्यवसाय को जारी रखना, विप्रो सहित किसी भी कंपनी के लिए एक कठिन निर्णय था, क्योंकि तकनीक बहुत तेजी से बदल रही थी और अभी भी ऐसा ही है और सभी खिलाड़ियों के लिए उसके साथ तालमेल बनाए रखना बेहद कठिन था, जैसा कि हम बीते तीन दशकों से देखते आ रहे हैं कि चिप दिनोदिन छोटी होती जा रही है और अब तो यह एक नाखून के आकार तक छोटी हो चुकी है। इसके अलावा यह कृत्रिम बुद्धिमत्ता के क्षेत्र में भी अपने पाँव जमा रही है और मोबाइल फोन अब एक नए प्रकार

का कंप्यूटर है, जो कई प्रकार के कार्यों को अंजाम दे रहा है। प्रौद्योगिकी ने लोगों को अपनी कल्पना से परे सपनों को साकार करना संभव बना दिया है।

इतनी अधिक तेजी से बदलती तकनीक के युग में, विप्रो के लिए यह आवश्यक था कि वो इस प्रकार से सोचे, ताकि जोखिमों को सहनीय सीमा तक कम किया जा सके। इसी वजह के चलते इसने 'विप्रो सिस्टम्स लिमिटेड' की स्थापना के साथ सॉफ्टवेयर के क्षेत्र में अपने कदम बढ़ाए।

तकनीक के क्षेत्र में भी खिलाड़ियों के बीच कड़ी प्रतिस्पर्धा का माहौल बनता जा रहा था, जिसके परिणामस्वरूप कंप्यूटर और हार्डवेयर के दामों के भारी कटौती देखने को मिल रही थी, हालाँकि विप्रो ने उभरती हुई प्रौद्योगिकी और बाजार के रुझान पर कड़ी नजर बनाए रखी और सफलता की राह पर आगे बढ़ती रही।

तकनीक के क्षेत्र में भी खिलाड़ियों के बीच कड़ी प्रतिस्पर्धा का माहौल बनता जा रहा था, जिसके परिणामस्वरूप कंप्यूटर और हार्डवेयर के दामों के भारी कटौती देखने को मिल रही थी, हालाँकि विप्रो ने उभरती हुई प्रौद्योगिकी और बाजार के रुझान पर कड़ी नजर बनाए रखी और सफलता की राह पर आगे बढ़ती रही। अपने इसी दृष्टिकोण के चलते वो चुनिंदा बड़े विविध समूहों में से था, जिन्होंने आई.टी. के क्षेत्र में प्रवेश किया था और जिसका प्रदर्शन बेहतरीन था। विप्रो की दृढ़ता का अंदाजा इसी बात से लगाया जा सकता है कि रिलायंस जैसी स्थिति के अनुसार ढलनेवाली कंपनी को भी इस क्षेत्र से अपने हाथ पीछे खींचने पड़े, क्योंकि वो यह बात समझ गई थी कि आई.टी. का व्यापार बढ़त के प्रति उतना अधिक संबद्ध नहीं है, जैसा कि वो उसके साथ बदलती तकनीक और रफ्तार को बनाए रखने को लेकर है।

आई.टी. के क्षेत्र में विप्रो की सफलता में योगदान देनेवाला एक और कारक था—उसका वो अनुभव, जो उसने तेल और साबुन जैसे अपने तेजी

से बढ़ते अन्य उत्पादों में पाया था। विप्रो ने एक बिल्कुल नया तरीका प्रारंभ किया था, जिसमें उसने अपने उत्पादों को थोक विक्रेताओं और खुदरा विक्रेताओं के जरिए बेचने के पारंपरिक तरीके के बजाय वितरकों के जरिए बेचना शुरू किया था और इसके चलते वो वितरकों का एक समर्पित समूह खड़ा करने में सफल रहा था।

विप्रो ने पी.सी. के बाजार में बिल्कुल यही दृष्टिकोण अपनाया और अपने कंप्यूटरों को वितरकों के नेटवर्क के जरिए बेचना शुरू किया। कई लोगों ने यह कहते हुए उनका मजाक बनाया कि कंप्यूटर एक तेजी से बढ़ता हुआ उत्पाद नहीं है, लेकिन अजीम ने उन्हें यह साबित करके दिखा दिया कि वे बिल्कुल सही रास्ते पर सोच रहे थे।

विप्रो ने पी.सी. के बाजार में बिल्कुल यही दृष्टिकोण अपनाया और अपने कंप्यूटरों को वितरकों के नेटवर्क के जरिए बेचना शुरू किया। कई लोगों ने यह कहते हुए उनका मजाक बनाया कि कंप्यूटर एक तेजी से बढ़ता हुआ उत्पाद नहीं है, लेकिन अजीम ने उन्हें यह साबित करके दिखा दिया कि वे बिल्कुल सही रास्ते पर सोच रहे थे। इस क्षेत्र में उनकी सफलता की कहानी ने अन्य पी.सी. निर्माताओं को उनके नक्शेकदम पर चलने को मजबूर कर दिया। उन्होंने वितरकों को सिर्फ कंप्यूटरों की बिक्री तक ही सीमित नहीं किया, बल्कि उन्हें उपभोक्ताओं को स्थानीय स्तर पर सेवा प्रदान करने के लिए भी प्रोत्साहित किया।

उनके इस स्तर पर सेवा प्रदान करना प्रारंभ करने के बाद कई लोगों को यह महसूस हुआ कि यह कंपनी को व्यापार से बाहर कर देगी, क्योंकि छोटे विक्रेता कंपनी के प्रशिक्षण का फायदा उठाकर सस्ती सेवा दे पाने में सक्षम होंगे और वितरक की श्रमशक्ति को प्रशिक्षण प्रदान करना बहुत महँगा साबित होगा। इसके बावजूद अजीम अपनी योजना पर अड़े रहे। समय के साथ हमने देखा है कि लोग अपने उत्पादों को ठीक करवाने के लिए स्थानीय

तकनीशियनों के पास जाने के बजाय अधिकृत सेवा केंद्रों का रुख करना पसंद करते हैं। इसने बड़ी कंपनियों के लिए कमाई का एक नया रास्ता खोल दिया है और यह सोच अजीम की कल्पना की देन है। इस संबंध में उनके शब्द उल्लेखनीय हैं—'उस समय थोड़ा विवाद था, क्योंकि डर यह था कि अगर आप वितरकों के जरिए कंप्यूटरों की सर्विसिंग का काम प्रारंभ कर देते हैं तो इस बात का पूरा खतरा था कि वे अन्य सेवाओं पर भी कब्जा कर सकते हैं। किसी भी उपभोक्ता के लिए यह एक स्वाभाविक बात है कि जो हमेशा अपने इलेक्ट्रॉनिक उत्पादों को सस्ते में ठीक करवाना चाहता है और कोई भी फ्रेंचाइजी वितरक या मालिक उपभोक्ता को हमेशा यह समझा सकता है कि वो बिल्कुल कंपनी के स्तर की सेवा प्रदान कर सकता है और वो भी उससे बेहद कम दामों पर। हमारी कंपनी को कई मामलों में बिल्कुल इसी स्थिति का सामना करना पड़ा, लेकिन फिर हम एक ऐसा पारिस्थितिकी तंत्र तैयार करने में सफल रहे, जिसमें वफादारी को पैदा किया गया और वितरकों को उनका भरोसा जीतने के लिए लाभ पहुँचाया गया।'

अनुसंधान और विकास के क्षेत्र में कंपनी के केंद्रित होने का फायदा भी मिला, क्योंकि व्यापार के छोटा होने के बावजूद वो पी.सी. के लिए अपना खुद का मदरबोर्ड डिजाइन करने में सफल रहे; और यह 1990 में ही हो गया।

अनुसंधान और विकास के क्षेत्र में कंपनी के केंद्रित होने का फायदा भी मिला, क्योंकि व्यापार के छोटा होने के बावजूद वो पी.सी. के लिए अपना खुद का मदरबोर्ड डिजाइन करने में सफल रहे; और यह 1990 में ही हो गया। इससे पहले भी उसने भारतीय सशस्त्र बलों के लिए कंप्यूटर तैयार किए थे और यह इस बात का द्योतक है कि कंपनी कैसे देश के सबसे कठोर दिमागों का भरोसा जीतने में सफल हो रही थी। चूँकि हार्डवेयर के क्षेत्र में व्यापार कठिन होता जा रहा था, कंपनी ने सॉफ्टवेयर के अपने व्यवसाय पर अधिक ध्यान केंद्रित किया, क्योंकि अजीम ने पाया कि हार्डवेयर के व्यापार

में किया गया निवेश उस स्तर का फायदा नहीं दे पा रहा था, जब सॉफ्टवेयर के व्यवसाय से होनेवाला फायदा वनस्पति और साबुन के उनके पारिवारिक व्यवसायों को पार कर गया, तो उन्होंने साजो-सामान के साथ बैंगलोर का रुख करने का फैसला किया।

आई.टी. क्रांति में जिन दो कारकों का सबसे बड़ा योगदान है, वो हैं कंप्यूटर और इंटरनेट। शुरुआत में, बल्कि 1990 तक, इंटरनेट पूरी तरह से वैज्ञानिकों, शिक्षाविदों और सैन्य अधिकारियों तक ही सीमित रहा, जिन्होंने सूचना के आदान-प्रदान के लिए इसका इस्तेमाल किया। 1991 में अर्थव्यवस्था को खोले जाने की अनुमति मिलने के बाद कई बदलाव सामने आए। इस समय इंटरनेट को आम लोगों के लिए भी अनुमति दी गई।

आई.टी. क्रांति में जिन दो कारकों का सबसे बड़ा योगदान है, वो हैं कंप्यूटर और इंटरनेट। शुरुआत में, बल्कि 1990 तक, इंटरनेट पूरी तरह से वैज्ञानिकों, शिक्षाविदों और सैन्य अधिकारियों तक ही सीमित रहा, जिन्होंने सूचना के आदान-प्रदान के लिए इसका इस्तेमाल किया।

इस विकास के साथ, सर्फिंग को आसान और कम जटिल बनाने का प्रयास किया गया; और इसी प्रक्रिया के तहत ब्राउजर का आविष्कार किया गया, जिसके जरिए कंप्यूटरों के बड़े नेटवर्क, जिसे प्रमुखतः इंटरनेट कहा जाता है, को विशिष्ट जानकारी के लिए एक्सेस किया जा सकता था। इंटरनेट के आम जनता के बीच लोकप्रिय होने के साथ लोगों के विभिन्न हिस्सों ने इसका उपयोग अपनी विशिष्ट आवश्यकताओं के अनुरूप करना प्रारंभ कर दिया।

व्यापारियों को जब इस बात का अहसास हुआ कि इंटरनेट उनके परिचालन को सरल बना सकता है और यात्राओं पर होनेवाले उनके खर्च को कम कर सकता है तो उन्होंने अपने दिन-प्रतिदिन के कामों के लिए उसका प्रयोग करना शुरू कर दिया। कई कामों को बिना यात्रा किए ही लंबी दूरी से

भी पूरा किया जा सकता था।

इंटरनेट लोगों की विभिन्न श्रेणियों के काम आ सके, इसके लिए बड़ी संख्या में एप्लीकेशनों, जिन्हें 'सॉफ्टवेयर' कहा जाता है, की जरूरत पड़ती, इसलिए कई कंपनियों ने इस प्रक्रिया में भाग लेना प्रारंभ कर दिया। इससे पूर्व, पहले एप्लीकेशनों को विकसित किया जाता था और फिर उपभोक्ता के कंप्यूटर में उसे इंस्टॉल करने के लिए सफर तय करना पड़ता था, लेकिन अब इस काम को बेहद आसानी से बैंगलोर या फिर चेन्नई में सैकड़ों किमी. दूर बैठे-बैठे आसानी से किया जा सकता था। यह सब सिर्फ इंटरनेट के चलते ही संभव हो पाया। यह न केवल नए सॉफ्टवेयर को विकसित करने और उपभोक्ता के कंप्यूटर में इंस्टॉल करने में मदद करता है, बल्कि यह उन समस्याओं को हल करने में भी मददगार साबित हो सकता है, जिनका सामना उपभोक्ता कर रहा हो सकता है। इसके परिणामस्वरूप, इंटरनेट एक ही पत्थर से सिर्फ दो ही नहीं, बल्कि कई चिड़ियाओं को मारनेवाले एक शक्तिशाली उपकरण के रूप में उभरा है।

इंटरनेट बहुत बड़ी संख्या में लोगों और संस्थाओं के लिए एक शानदार अवसर लेकर आया और विप्रो के साथ भी बिल्कुल ऐसा ही था। इसने उस खर्चे पर बड़े पैमाने में बचत की, जो कंपनी को अपने पेशेवरों की विदेश यात्राओं पर करना पड़ता था और दूसरे, इसके दिल के करीब, यह था कि यह अपने उपभोक्ताओं की सेवा तुरंत कर सकता था।

इंटरनेट बहुत बड़ी संख्या में लोगों और संस्थाओं के लिए एक शानदार अवसर लेकर आया और विप्रो के साथ भी बिल्कुल ऐसा ही था। इसने उस खर्चे पर बड़े पैमाने में बचत की, जो कंपनी को अपने पेशेवरों की विदेश यात्राओं पर करना पड़ता था और दूसरे, इसके दिल के करीब, यह था कि यह अपने उपभोक्ताओं की सेवा तुरंत कर सकता था। इन दोनों कारकों ने मिलकर विप्रो का जबरदस्त विकास किया।

इंटरनेट के सुलभ और व्यापक होने से पहले, दूसरे देशों में बैठे

उपभोक्ता इस बात को लेकर बहुत अधिक आश्वस्त नहीं थे कि विप्रो भारत जैसी एक दूरस्थ जगह पर बैठे उन्हें सेवा प्रदान करने में सफल रहेगी; हालाँकि, इंटरनेट ने इस समस्या को काफी हद तक हल कर दिया, क्योंकि इसके चलते व्यक्तिगत यात्राओं पर काफी हद तक रोक लगाई जा सकती थी, अब बातचीत और सेवा के लिए दूरी कोई बाधा नहीं थी।

इंटरनेट के फलस्वरूप रवैए में आया यह बदलाव कई आई.टी. कंपनियों द्वारा अपने फायदे के लिए इस्तेमाल किया गया और विप्रो भी कोई अपवाद नहीं थी। इसने इस माध्यम को प्रयोग करते हुए अंतरराष्ट्रीय और राष्ट्रीय स्तर पर अधिक उपभोक्ताओं को हासिल किया और ऐसा करने के क्रम में उन्हें यह भरोसा कि वे दूर बैठे हुए भी उन्हें किस प्राकर से सेवाएँ प्रदान कर सकते हैं। विप्रो ने यह सुनिश्चित किया कि वे अपने उपभोक्ता का भरोसा और विश्वास जीतते हुए सही अर्थों में अपने उपभोक्ताओं की सेवा करें।

एक तरफ जहाँ इंटरनेट दैनिक जीवन के विभिन्न क्षेत्रों में अपना स्थान बनाता जा रहा था, सहस्त्राब्दी के बदलाव के साथ ही दुनिया के सामने एक बड़ी समस्या आनेवाली थी, जिसे 'वाई2के' के नाम से जाना जाता था। सदी के बदलने से पहले, वर्ष को 96 या फिर 1996 और 74 या फिर 1974 के रूप में लिखा जाता था।

एक तरफ जहाँ इंटरनेट दैनिक जीवन के विभिन्न क्षेत्रों में अपना स्थान बनाता जा रहा था, सहस्त्राब्दी के बदलाव के साथ ही दुनिया के सामने एक बड़ी समस्या आनेवाली थी, जिसे 'वाई2के' के नाम से जाना जाता था। सदी के बदलने से पहले, वर्ष को 96 या फिर 1996 और 74 या फिर 1974 के रूप में लिखा जाता था। हालाँकि वर्ष 2000 के बाद 19 का मतलब 1919 भी लगाया जा सकता था और 2019 भी; और यह कंप्यूटर को भी भ्रमित कर सकता था, क्योंकि डाटा पूरी तरह से गड़बड़ हो सकता था। इस बात की भी

आशंका जताई गई थी कि 31 दिसंबर की अर्धरात्रि के बाद कंप्यूटर बेकार हो जाएँगे। अब पूरी प्रणाली को ही बदलना अपरिहार्य था, जिसमें वर्षों को चार अंकों के रूप में दर्ज करना था; और इस नई प्रणाली को सभी नए सॉफ्टवेयर अनुप्रयोगों में शामिल किया जा सकता था, लेकिन सबसे बड़ा सवाल यह था कि उन हजारों-हजार सॉफ्टवेयर अनुप्रयोगों का क्या होगा, जो पूरी दुनिया में प्रयोग किए जा रहे थे? यह एक वास्तविक डर था और इस समस्या को वर्ष 1999 के अंतिम दिन अर्धरात्रि से पहले ही हल किया जाना आवश्यक था।

सभी सॉफ्टवेयर अनुप्रयोगों को अपडेट करना कोई आसान काम नहीं था, क्योंकि उनकी संख्या लाखों में थी और उन सभी को सुधारने और अपडेट करने के लिए एक वृहद् प्रयास और श्रमशक्ति की आवश्यकता होती।

इस समस्या ने विप्रो को एक बड़ा अवसर प्रदान किया और इसने असमंजस की इस स्थिति का पूरा फायदा उठाते हुए खुद को योग्य साबित किया। वास्तव में, इसके पास मौजूद अनुसंधान और विकास के काम से जुड़े कर्मचारियों के साथ, इसे इससे निबटने में कोई परेशानी नहीं हुई। हालाँकि ऐसा करना निश्चित रूप से एक नीरस और उदासीन काम था, जिसके लिए विशेषज्ञों को कई-कई घंटों तक कंप्यूटरों के सामने बैठना आवश्यक था, जो कमांड पर संचालित हो रहे थे, क्योंकि उनकी स्पीड काफी कम थी और वे आज के मुकाबले कहीं अधिक समय लेते थे।

इस समस्या ने विप्रो को एक बड़ा अवसर प्रदान किया और इसने असमंजस की इस स्थिति का पूरा फायदा उठाते हुए खुद को योग्य साबित किया। वास्तव में, इसके पास मौजूद अनुसंधान और विकास के काम से जुड़े कर्मचारियों के साथ, इसे इससे निबटने में कोई परेशानी नहीं हुई।

विप्रो ने इस मौके पर शानदार सेवा प्रदान की और इसके चलते उसे कई नए उपभोक्ता जोड़ने में सफलता प्राप्त हुई, जो आनेवाले समय में भी उसके भरोसेमंद उपभोक्ता बने रहे। दूसरे शब्दों में कहें तो, विप्रो ने 'वाई2के'

द्वारा प्रस्तुत मौके का पूरा फायदा उठाया और अब उसके पास बड़ी संख्या में विदेशी ग्राहक भी हैं। यहाँ तक कि वे उपभोक्ता भी, जो भारतीय कंपनियों को शक की निगाह से देखते थे, उसके द्वारा उन्हें प्रस्तुत की गई सेवा के चलते उसके निष्ठावान उपभोक्ता बन गए। इस अवसर ने विप्रो को एक ऐसी कंपनी के रूप में स्थापित किया, जो न्यूनतम समय में जटिल प्रक्रियाओं को कुशलता से कर सकती है। इससे कंपनी को एक वैश्विक ब्रांड के रूप में स्थापित होने में मदद मिली, हालाँकि उस समय तक कंपनी को वैश्विक बाजार में आए हुए बीस वर्षों से अधिक का समय हो चुका था, लेकिन वो तब तक बाजार पर एक शानदार छाप छोड़ने से असफल रही थी, लेकिन इस मौके ने इसका नाम उपभोक्ताओं के दिलो-दिमाग पर अंकित कर दिया।

अजीम ने फैसला किया कि विप्रो को एक विशिष्ट पहचान देने के लिए कंपनी के पास एक विशेष 'लोगो' मौजूद होना चाहिए और इसी क्रम में उन्होंने एस.एस.डी. (साइनिंग स्ट्रेटेजिक डिजाइन) कंपनी की सेवाएँ लीं।

अजीम ने फैसला किया कि विप्रो को एक विशिष्ट पहचान देने के लिए कंपनी के पास एक विशेष 'लोगो' मौजूद होना चाहिए और इसी क्रम में उन्होंने एस.एस.डी. (साइनिंग स्ट्रेटेजिक डिजाइन) कंपनी की सेवाएँ लीं। लोगो तैयार करने की प्रक्रिया बेहद जटिल होने जा रही थी, क्योंकि विप्रो सिर्फ किसी एक उत्पाद या फिर किसी एक प्रकार के उत्पाद से जुड़ी हुई नहीं थी, बल्कि उसके उत्पादों में तेल से लेकर, साबुन से लेकर, डाइपर से लेकर कंप्यूटर और आई.टी. तक के उत्पाद शामिल थे। डिजाइनर, शोम्बित सेनगुत्ता, प्रारंभ में इस बात को लेकर काफी उलझन में रहे कि वे इस तमाम विविधता को कैसे प्रबंधित करें, ताकि वे सब एक 'लोगो' में भावाभिव्यक्ति पा सकें। इसके चलते उन्होंने अपने ध्यान को उत्पादों से प्रक्रियाओं पर स्थानांतरित किया और कंपनी के केंद्रबिंदुओं का कम करने में सफल रहे। वे अपने अध्ययन के आधार पर इस निष्कर्ष पर पहुँचे कि चार ऐसे बुनियादी

मूल्य थे, जो विप्रो के हृदय में बसे हुए थे; वे थे, नवीनता, ईमानदारी और प्रतिबद्धता, मानवीय मूल्य और पैसे का मोल। यह सभी ऐसी अवधारणाएँ थीं, जो स्वभाव में निराकार थीं, लेकिन यह अनुप्रयोग की एक बड़ी धारणा बनाने के लिए आधार के रूप में काम करते थे; और उन्हें इससे एक विचार प्राप्त हुआ और वे एक 'लोगो' के साथ सामने आए—विचार को लागू करना (एप्लाइंग थॉट)। अपनी तसवीर को एक समृद्ध आयाम देने के लिए उन्होंने कंपनी के संचालन और उत्पादों के विभिन्न रंगों का चित्रण करते हुए सूरजमुखी में इंद्रधनुष के रंगों को शामिल किया। इस 'लोगो' का मतलब नवाचार और विविधता है और यह उस सम्मान को प्रदर्शित करता है, जो उसके उपभोक्ता कंपनी के प्रति रखते हैं और वो सेवाएँ, जो कंपनी अपने उपभोक्ताओं को उनके पैसे के मूल्य के रूप में प्रस्तुत करती है। इस 'लोगो' को अंततः 1998 में जारी किया गया। विप्रो ने इसे आम लोगों के बीच लोकप्रिय बनाने के लिए एक बड़ी राशि का निवेश किया।

आज की तारीख में, 'एप्लाइंग थॉट' को सेवानिवृत्त किया जा चुका है और इसे 'स्प्रिट ऑफ विप्रो' के रूप में पुनः स्पष्ट किया गया है, ताकि विप्रो की बदलने और उपभोक्ता की बढ़ती हुई अपेक्षा की प्रतिबद्धता को रेखांकित किया जा सके।

आज की तारीख में, 'एप्लाइंग थॉट' को सेवानिवृत्त किया जा चुका है और इसे 'स्प्रिट ऑफ विप्रो' के रूप में पुनः स्पष्ट किया गया है, ताकि विप्रो की बदलने और उपभोक्ता की बढ़ती हुई अपेक्षा की प्रतिबद्धता को रेखांकित किया जा सके।

वर्तमान में विप्रो निम्नलिखित सिद्धांतों के साथ काम करता है—

- उपभोक्ता की सफलता को लेकर उत्साही रहें।
- वैश्विक और जिम्मेदार बनें।
- प्रत्येक व्यक्ति के साथ सम्मानित व्यवहार करें।
- हम जो कुछ भी करते हैं, पूरी प्रतिबद्धता के साथ करते हैं।

अपना ध्यान प्रमुखतः अपने उपभोक्ता पर रखने के चलते, विप्रो अपने दृष्टिकोण को कुछ ऐसे प्रस्तुत करता है—'अपने उपभोक्ताओं का विश्वास अर्जित करने और गहन उद्योग अंतर्दृष्टि, अग्रणी प्रौद्योगिकियों और श्रेष्ठ श्रेणी वितरण प्रक्रिया को एकीकृत करनेवाले समाधान पेश करते हुए जो उनके व्यवसाय के मोल को अधिकाधिक बढ़ा दें।'

शेयर बाजार में भी, विप्रो के शेयरों की जीत का सिलसिला जारी था और निवेशकों को इसकी क्षमताओं पर पूरा भरोसा था। सितंबर 1999 में, विप्रो के एक शेयर की कीमत छह महीने से भी कम समय में लगभग पाँच गुना तक बढ़ गई और यह उस क्षमता का द्योतक है, जो कंपनी ने समय के साथ अर्जित की है। इसने अजीम को भी दौलत की बुलंदियों पर पहुँचा दिया और वे अपने नाम पर 39.5 बिलियन डॉलर के साथ सबसे अमीर भारतीय बनने में सफल रहे। इस प्रकार की समृद्धि के चलते उन्हें सैद्धांतिक रूप से बाजार में प्रमुख प्रतियोगियों को खरीदने के लिए पर्याप्त रूप से शक्तिशाली तक बताया गया। ऐसा होने से न केवल अजीम, बल्कि उनके कर्मचारियों और निवेशकों को भी भारी फायदा हुआ। इससे अजीम लाइमलाइट में आ गए। विप्रो ने इसी समय एन.वाई.एस.ई. में अपने शेयर सूचीबद्ध किए थे और यह अंतरराष्ट्रीय क्षेत्र में एक बड़ा कदम था।

शेयर बाजार में भी, विप्रो के शेयरों की जीत का सिलसिला जारी था और निवेशकों को इसकी क्षमताओं पर पूरा भरोसा था। सितंबर 1999 में, विप्रो के एक शेयर की कीमत छह महीने से भी कम समय में लगभग पाँच गुना तक बढ़ गई और यह उस क्षमता का द्योतक है, जो कंपनी ने समय के साथ अर्जित की है।

अजीम के पास न सिर्फ उद्योग के क्षेत्र में हुए विकास का निरंतर अध्ययन करने की योग्यता थी, बल्कि इसकी भी थी कि उनके प्रतिद्वंद्वी क्या कर रहे थे? उन्होंने देखा कि उनके चिर-प्रतिद्वंद्वी इंफोसिस ने अमेरिका में खुद

को सूचीबद्ध किया था, इसलिए उन्होंने नैसडैक को चुना। यह आई.टी. शेयरों के लिए सबसे पसंदीदा विकल्प था और यह एन.वाई.एस.ई. के मुकाबले एक नया विकल्प था, जो एक पारंपरिक वर्कहॉर्स और दुनिया में सबसे प्रतिष्ठित था। अजीम ने इस बारे में भी वैश्विक राह पकड़ने का फैसला किया।

आखिरकार 19 अक्तूबर 2000 को, अजीम प्रेमजी को उस समय एन.वाई.एस.ई. के खुलने और बंद होने की घंटी बजाने का विलक्षण सम्मान दिया गया, जब विप्रो ने अपने ए.डी.एस. (अमेरिकी डिपॉजिटरी शेयर) को एक्सचेंज में सूचीबद्ध किया। इस उपलब्धि ने विप्रो को इसमें प्रवेश करनेवाली इकलौती भारतीय कंपनी बना दिया और इसकी उपलब्धियों में एक और यह थी कि यह ऐसा करनेवाली दुनिया की सिर्फ तीसरी आई.टी. कंपनी थी। यह 525 बिलियन डॉलर के कुल राजस्व आधार में से करीब 135 मिलियन डॉलर उगाहने में सफल रही, जो अपने आप में एक बड़ी उपलब्धि है।

इसके शेयर को लिस्टिंग के दिन पर बंद होने के समय लगभग 10 प्रतिशत का फायदा मिला और अजीम को इससे अधिक खुशी शायद ही प्राप्त होती, क्योंकि उनकी छह महीने से भी अधिक की मेहनत का पूरा फायदा मिल गया था। यह बिल्कुल सही बात है कि शेयर बाजार काफी हद तक अस्थिर है और ऊपर और नीचे आना-जाना काफी आम बात है और शेयर बाजार अंतरराष्ट्रीय स्तर पर होनेवाली छोटी सी भी गतिविधि पर या तो ऊपर जाता है या फिर नीचे चला जाता है और कई बार इसका अर्थव्यवस्था से कोई ताल्लुक तक नहीं होता है।

इसके शेयर को लिस्टिंग के दिन पर बंद होने के समय लगभग 10 प्रतिशत का फायदा मिला और अजीम को इससे अधिक खुशी शायद ही प्राप्त होती, क्योंकि उनकी छह महीने से भी अधिक की मेहनत का पूरा फायदा मिल गया था।

आज की तारीख में जहाँ तक विप्रो की आई.टी. शाखा का ताल्लुक है, तो यह दुनिया भर के 54 देशों में फैली हुई है और आई.टी. सेवाएँ और

समाधान प्रस्तुत कर रही है, जिनमें सिस्टम एकीकरण, आर एंड डी सेवाएँ, परामर्श, सूचना प्रणाली आउटसोर्सिंग, आई.टी.-सक्षम सेवाओं हित और भी बहुत कुछ शामिल है। देश के भीतर, इसकी उपस्थिति सभी चारों क्षेत्रों में मौजूद है। पूर्व में कोलकाता, गुवाहाटी और भुवनेश्वर में इसकी उपस्थिति है; पश्चिम में पुणे, अहमदाबाद, मुंबई और बड़ौदा में इसकी उपस्थिति है; उत्तर में इसकी नई दिल्ली, नोएडा, गुरुग्राम और जयपुर में उपस्थिति है; और दक्षिण में यह बंगलुरु, चेन्नई, हैदराबाद, विशाखापत्तनम, कोयम्बटूर, मैसूर, सिकंदराबाद, कोचीन और विजयवाड़ा में मौजूद है। इसने अन्य शहरों में, वितरकों, सेवा एजेंटों और खुदरा विक्रेताओं के अपने व्यापक नेटवर्क के माध्यम से अपनी उपस्थिति दर्ज करवाई है। देश की प्रत्येक इकाई में विप्रो की धड़कन को महसूस किया जा सकता है।

पिछले दो दशकों में, जब से विप्रो ने खुद को आई.टी. बाजार में स्थापित किया है, तब से एक चीज काफी सुस्पष्ट है और वो यह है कि उसने टी.सी.एस. और इंफोसिस के साथ शीर्ष तीन स्थानों पर कब्जा करना जारी रखा है। इन तीन कंपनियों ने मिलकर शीर्ष तीन स्थानों पर अपना दबदबा कायम रखा है।

पिछले दो दशकों में, जब से विप्रो ने खुद को आई.टी. बाजार में स्थापित किया है, तब से एक चीज काफी सुस्पष्ट है और वो यह है कि उसने टी.सी.एस. और इंफोसिस के साथ शीर्ष तीन स्थानों पर कब्जा करना जारी रखा है। इन तीन कंपनियों ने मिलकर शीर्ष तीन स्थानों पर अपना दबदबा कायम रखा है। उन्होंने आपस में इन तीनों स्थानों को बदला जरूर है, लेकिन कोई भी अन्य कंपनी इन शीर्ष तीन स्थानों में घुसपैठ नहीं कर पाई है। एक ही क्षेत्र में होने के बावजूद, यह तीनों कंपनियाँ एक-दूसरे के साथ दृढ़ता से प्रतिस्पर्धा कर रही हैं और एक साथ भारतीय आई.टी. क्षेत्र की सबसे मजबूत रीढ़ बनकर उभरी हैं।

टी.सी.एस. और इंफोसिस के साथ इसकी तुलना करने पर एक बात निकलकर सामने आती है कि विप्रो एक बहुआयामी कंपनी है, जिसकी

तेजी से बढ़ते उपभोक्ता सामानों सहित विभिन्न क्षेत्रों में एक अच्छी बाजार हिस्सेदारी है, जबकि अन्य दो ने सिर्फ सॉफ्टवेयर के बाजार पर ही अपना ध्यान केंद्रित किया है। यहाँ तक कि आई.टी. क्षेत्र में भी विप्रो ने हार्डवेयर क्षेत्र पर भी ध्यान दिया है। यही कारण है कि एक साथ तीनों कंपनियों की तुलना करना कहीं से भी उचित नहीं है।

जब अजीम से उनकी सफलता के रहस्य के बारे में पूछा गया तो उन्होंने कहा कि उन्होंने कंपनी के साथ अपने प्रारंभिक दौर में जो पुस्तकें पढ़ीं, उन्होंने उनके विचारों और सिद्धांत को आकार देने में योगदान दिया कि उन्हें कैसे तेजी से दौड़ना चाहिए और कंपनी का विस्तार करना चाहिए; और इसे उनकी जोखिम उठाने की भावना का साथ मिला।

इस वास्तविकता के बावजूद कि विप्रो पहले स्थान पर कब्जा किए बिना, तीन दशकों से आई.टी. के क्षेत्र में मौजूद है, फिर भी यह पूरी तरह से निश्चित है कि भारतीय आई.टी. क्षेत्र की कहानी इसके योगदान के समृद्ध उल्लेख के बिना पूरी नहीं हो सकती। निश्चित रूप से इसका श्रेय अजीम प्रेमजी को जाना चाहिए, क्योंकि उन्होंने विप्रो में विविधता लाने के लिए इसे एक ऐसा बहुपक्षीय समूह बनाया, जिसने अंतरराष्ट्रीय क्षेत्र में अपनी प्रभावी उपस्थिति के चलते भारतीय वाणिज्य के पूर्ण वर्णक्रम को ही बदलकर रख दिया।

जब अजीम से उनकी सफलता के रहस्य के बारे में पूछा गया तो उन्होंने कहा कि उन्होंने कंपनी के साथ अपने प्रारंभिक दौर में जो पुस्तकें पढ़ीं, उन्होंने उनके विचारों और सिद्धांत को आकार देने में योगदान दिया कि उन्हें कैसे तेजी से दौड़ना चाहिए और कंपनी का विस्तार करना चाहिए; और इसे उनकी जोखिम उठाने की भावना का साथ मिला। उनके मन में अभी भी अपने पिता और दादा के प्रति गहरे सम्मान की भावना मौजूद है और शायद यही वो वजह है, जिसके चलते उन्होंने कई अन्य क्षेत्रों में आशातीत सफलता प्राप्त होने के बावजूद, अभी भी अपने उस पुराने

व्यवसाय को नहीं छोड़ा है, जिसके साथ उन्होंने व्यापार की दुनिया में कदम रखा था। निश्चित ही, उन्होंने नवाचार और सुधार की सच्ची भावना के साथ नई तकनीक और प्रौद्योगिकियों का उपयोग करने में जरा भी संकोच नहीं किया है।

विविध उत्पादों में अजीम के प्रारंभिक प्रयास इस विचार पर आधारित थे कि उनमें से किसी एक में होनेवाले नुकसान की भरपाई दूसरे से की जा सकती है, लेकिन उनके साहस ने यह साबित कर दिया कि खाद्य तेल, साबुन, बच्चों के उत्पादों, विद्युत् उपकरणों आदि से लेकर आई.टी. तक के उनके सभी उत्पाद उम्मीद पर पूरी तरह से खरे उतर रहे हैं।

विविध उत्पादों में अजीम के प्रारंभिक प्रयास इस विचार पर आधारित थे कि उनमें से किसी एक में होनेवाले नुकसान की भरपाई दूसरे से की जा सकती है, लेकिन उनके साहस ने यह साबित कर दिया कि खाद्य तेल, साबुन, बच्चों के उत्पादों, विद्युत् उपकरणों आदि से लेकर आई.टी. तक के उनके सभी उत्पाद उम्मीद पर पूरी तरह से खरे उतर रहे हैं।

जब उनसे यह पूछा गया कि किसी विशेष खंड में बिक्री कम होने पर उनका क्या विचार होता है, तो उन्होंने कहा कि वे नकारात्मक पक्षों की ओर अधिक ध्यान नहीं देते हैं और हमेशा सकारात्मक तरीके से ही सोचते हैं, उन्हें जब भी कोई नकारात्मक धक्का लगता है, तो वे वितरण और विपणन के साथ-साथ उत्पादन प्रक्रियाओं में नवीनतम रणनीतियों को लागू करते हुए प्रौद्योगिकी और नवाचार की शरण में चले जाते हैं।

अजीम को विभिन्न पदों को सँभालने के लिए प्रतिभा की आवश्यकता थी, क्योंकि नई सोच के बिना वो विप्रो को उस मुकाम तक नहीं पहुँचा सकते थे, जिसपर वो आज पहुँची है। इस पहलू के बारे में पूछे जाने पर उनका बिल्कुल स्पष्ट रूप से कहना है कि प्रतिभा को या तो विकसित किया जा सकता है या फिर उसे खरीदा जा सकता है, लेकिन यह बिल्कुल तय है कि

प्रतिभा के बिना कोई भी व्यक्ति सफलता की राह पर आगे नहीं बढ़ सकता।

अगर किसी व्यक्ति के पास प्रतिभा या फिर किसी क्षेत्र में विशेषज्ञता नहीं है, तो उसके पास इसे बाजार से खरीदकर अपने पास शामिल करने का मौका है, जब आई.बी.एम. के बाजार से बाहर हो जाने ने अजीम को कंप्यूटर के व्यवसाय में विस्तार करने का अवसर प्रदान किया, तो वे खुद इस मौके का फायदा उठाने के लिए तैयार नहीं थे, क्योंकि उनके पास न तो इस क्षेत्र का अनुभव था और न ही योग्यता। वे न तो टी.सी.एस. की तरह थे, जो पैसे के ढेर पर बैठी थी और न ही इंफोसिस की तरह, जिसका नेतृत्व खुद नारायणमूर्ति कर रहे थे, जो खुद कंप्यूटर के अच्छे जानकार थे। इसी वजह के चलते उन्होंने बाजार से प्रतिभा हासिल की। इन पेशेवरों ने अपने ज्ञान, कड़ी मेहनत और अजीम के सिद्धांतों के माध्यम से विप्रो को सफलता की राह पर पहुँचा दिया।

पेशेवर और अजीम एक ही सिक्के के दो पहलू साबित हुए, उनमें से किसी एक के बिना विप्रो उस मुकाम तक नहीं पहुँच सकती थी, जिसपर वो आज पहुँची है। यहाँ तक कि अजीम ने खुद आई.टी. के प्रशासन और प्रबंधन का कार्यभार भी नहीं सँभाला, क्योंकि वो इस बात को अच्छे तरीके से जानते थे कि वो इसके साथ न्याय नहीं कर सकते।

पेशेवर और अजीम एक ही सिक्के के दो पहलू साबित हुए, उनमें से किसी एक के बिना विप्रो उस मुकाम तक नहीं पहुँच सकती थी, जिसपर वो आज पहुँची है। यहाँ तक कि अजीम ने खुद आई.टी. के प्रशासन और प्रबंधन का कार्यभार भी नहीं सँभाला, क्योंकि वो इस बात को अच्छे तरीके से जानते थे कि वो इसके साथ न्याय नहीं कर सकते।

अजीम के लिए कंप्यूटर बिल्कुल उन अन्य उत्पादों की तरह और उनके विपरीत था, जिनमें विप्रो व्यापार कर रही थी। एक तरफ जहाँ अन्य उत्पादों को लगभग तुरंत ही तैयार कर बाजार में बेचा जा सकता था, वो भी इस पूरी

प्रक्रिया में तकनीक की बहुत अधिक आवश्यकता के बिना, लेकिन कंप्यूटर के मामले में ऐसा बिल्कुल भी नहीं था। इसके लिए बहुत सारी प्रक्रियाओं को पूरा किए जाने की आवश्यकता थी, क्योंकि इसके विभिन्न घटक अद्वितीय व्यक्तित्वों की तरह होते हैं, जो एक साथ मिलकर वो बनाते हैं, जिसे कंप्यूटर कहा जाता है। इसलिए अन्य उत्पादों के वितरीत, किसी व्यक्ति को एक उत्पाद को विकसित, संसाधित और तैयार करना था और फिर उपभोक्ता को यह भी समझाने का इंतजार करना था कि यह कुछ ऐसा कैसा है, जो उनकी संबंधित आवश्यकताओं की पूर्ति कर सकता है। अन्य उत्पादों के मामले में इतने अधिक प्रयास की आवश्यकता नहीं थी।

आई.टी. का क्षेत्र, जैसा कि हमें आज की तारीख में दिखाई देता है, दुनिया भर में कई योगदानकर्ताओं द्वारा किए गए प्रयासों का परिणाम है और उन सभी में अजीम का नाम बेहद महत्त्वपूर्ण रहेगा। उन्होंने एक बड़ा जोखिम लेते हुए इस क्षेत्र में प्रवेश किया, क्योंकि किसी एक उत्पाद में विफलता उनके पूरे साम्राज्य को जोखिम में डाल सकती थी।

आई.टी. का क्षेत्र, जैसा कि हमें आज की तारीख में दिखाई देता है, दुनिया भर में कई योगदानकर्ताओं द्वारा किए गए प्रयासों का परिणाम है और उन सभी में अजीम का नाम बेहद महत्त्वपूर्ण रहेगा। उन्होंने एक बड़ा जोखिम लेते हुए इस क्षेत्र में प्रवेश किया, क्योंकि किसी एक उत्पाद में विफलता उनके पूरे साम्राज्य को जोखिम में डाल सकती थी।

इस वास्तविकता को भी नहीं झुठलाया जा सकता कि आई.टी. के क्षेत्र में सफलता विप्रो के इतिहास में एक महत्त्वपूर्ण क्रांतिकारी परिवर्तन लेकर आई। यह भी सच है कि अगर हार्डवेयर के व्यवसाय की बात की जाए तो विप्रो को अधिक कठिनाई का सामना नहीं करना पड़ा। इसने इस क्षेत्र में अपने कदम रखे और एक प्रयोग के रूप में कंप्यूटर का निर्माण शुरू कर दिया और जब यह स्पष्ट हो गया कि इस क्षेत्र में असीम संभावनाएँ हैं, तो

इसने अपने पंखों को पूरे मनोयोग से फैलाया।

अजीम के प्रयोग केवल आई.टी. क्षेत्र तक ही सीमित नहीं रहे। उन्होंने क्रमशः विप्रो फाइनेंस और विप्रो आई.एस.पी. के माध्यम से वित्त और इंटरनेट क्षेत्रों में प्रवेश किया, हालाँकि उनके लिए यह अनुभव अच्छे नहीं रहे। विप्रो फाइनेंस की स्थापना 1992 में की गई थी, लेकिन कंप्यूटर क्षेत्र के विपरीत, यह भारी नुकसान के चलते प्रमुख कंपनी के विकास में एक बाधा साबित हुई। अजीम ने बेहद शांत दिमाग के साथ नुकसान को सहा और यह सुनिश्चित किया कि कंपनी को बंद करने से निवेशकों पर कोई प्रभाव नहीं पड़े। उन्होंने बाद में विप्रो आई.एस.पी. को भी बंद कर दिया।

अजीम वास्तव में विप्रो समूह की कंपनियों के मालिक हैं। मालिकों को प्रमुखतः दो प्रकारों में वर्गीकृत किया जा सकता है; एक तो वो, जिनमें जरा भी अहंकार की भावना नहीं होती और वे अपने कर्मचारियों के साथ पूर्ण सद्भाव और सहयोग की भावना के साथ काम करना पसंद करते हैं और दूसरे वे, जिनके पास बेतहाशा दौलत होती है और वे अपने पास मौजूद पैसे के बल पर कर्मचारियों को काबू में रखना पसंद करते हैं; वे कामों को दूसरों को सौंपकर सिर्फ मुनाफा कमाने के उद्देश्य से व्यापार करते हैं। जब बात अजीम की आती है तो वे इन दोनों प्रकारों का मिश्रण थे। वे शायद ही कभी अपने कर्मचारियों और यहाँ तक कि उपभोक्ताओं से बात करने में झिझकते थे और उन्होंने अपने प्रतिभाशाली पेशेवरों को कर्तव्यों को सौंप दिया, लेकिन इसपर भी नजर रखी कि वे क्या और कैसा कर रहे हैं? इस मिश्रण ने उन्हें एक ऐसे दूरदर्शी और सक्षम अगु में बदल दिया, जो निष्ठा की कद्र करता है, और यही वो कारण है, जिसके परिणामस्वरूप समान कदवाली अन्य कंपनियों की तुलना में पेशेवरों का उनके साथ टिका रहना औसत से कहीं अधिक है।

□

एक व्यक्ति के रूप में अजीम प्रेमजी

अजीम आत्म-प्रदर्शन में जरा भी विश्वास नहीं करते हैं; वे अपने या फिर अपने परिवार के बारे में बात करना जरा भी पसंद नहीं करते और इसी वजह के चलते उनके या फिर उनके परिवार के बारे में अधिक नहीं पता है। यह भी एक हकीकत है कि उनके जैसे कदवाले व्यक्ति के लिए सबकुछ गोपनीय रखना बेहद मुश्किल है। कई मौकों, घटनाओं, विचारों और संकेतों ने मिलकर एक व्यापक समझ तैयार की है कि अजीम नामक व्यक्ति आखिरकार है कैसा?

1945 में जनमे विप्रो के संस्थापक अध्यक्ष, अजीम की आयु अब 75 वर्ष से अधिक की हो चुकी है, लेकिन उन्होंने खुद को बेहद सक्रिय रखा है, हालाँकि उनकी अधिकांश जिम्मेदारियाँ अब उनके बेटे को सौंप दी गई हैं। इसके बावजूद, कंपनी के मामलों में अब भी उनका कहना चलता है। इस पुस्तक के पूर्ववर्ती पृष्ठों में हमने अपने सम्मानित पाठकों के समक्ष उनके व्यक्तित्व के तमाम पहलुओं को लाने का एक समर्पित प्रयास किया है, लेकिन इसके बावजूद उनसे जुड़े कई ऐसे पहलू हैं, जो दिलचस्प होने के साथ-साथ जिन्हें जानना जरूरी भी है।

अजीम का निकाह यास्मीन से हुआ है और इस दंपती के रिशद और तारिक नामक दो संतानें हैं। उनकी पत्नी वर्तमान में विप्रो के आई.टी. व्यवसाय की मुख्य रणनीति अधिकारी हैं।

अजीम को स्टैनफोर्ड यूनिवर्सिटी में इंजीनियरिंग की पढ़ाई पूरी करने से पहले ही व्यापार के क्षेत्र के उतरना पड़ा; क्योंकि उनके पिता की असामयिक मृत्यु के चलते उनके लिए ऐसा करना अपरिहार्य हो गया था। व्यापार में उतरते हुए उन्हें इस बात का जरा भी अंदाजा नहीं था कि उन्हें अपने सामने खड़ी बड़ी चुनौती का सामना कैसे करना है? उन्होंने चीजों को पढ़ने और अपने विचारों को तैयार करने के लिए पूरा समय लिया और फिर तदनुसार कदम उठाए। उन्होंने खुद को स्व-अध्ययन के जरिए शिक्षित किया और इसका नतीजा था एक ऐसे शानदार व्यक्तित्व का उदय, जिसे दुनिया प्रेम करती। उन्हें मिले कई प्रसिद्ध पुरस्कार और सम्मान वर्षों के उनके प्रदर्शन का जीवंत उदाहरण हैं।

अजीम को स्टैनफोर्ड यूनिवर्सिटी में इंजीनियरिंग की पढ़ाई पूरी करने से पहले ही व्यापार के क्षेत्र के उतरना पड़ा; क्योंकि उनके पिता की असामयिक मृत्यु के चलते उनके लिए ऐसा करना अपरिहार्य हो गया था। व्यापार में उतरते हुए उन्हें इस बात का जरा भी अंदाजा नहीं था कि उन्हें अपने सामने खड़ी बड़ी चुनौती का सामना कैसे करना है?

अजीम को प्रमुखतः उनके आई.टी. के व्यवसाय के लिए जाना जाता है और साथ ही उन्हें उनके परोपकारी कामों के लिए भी जाना जाता है। हमने अब तक उनकी व्यापारिक समझ-बूझ के बारे में बात की है और हम अगले अध्याय में उनके परोपकार के बारे में बात करेंगे। अभी हम, उनके विषय में जितनी हो सकती है, उतनी अधिक-से-अधिक जानकारी देना चाहेंगे।

कुछ समय पहले तक, उनका दिन प्रातः साढ़े चार बजे प्रारंभ हो जाता था और एक संक्षिप्त शारीरिक व्यायाम के तुरंत बाद, वे खुद को कंपनी के कामों में व्यस्त कर लेते थे, जो हमेशा उनके कदम उठाने के इंतजार में बैठे रहते थे। उनके साथियों और दोस्तों का कहना है कि विप्रो उनके लिए बिल्कुल ऑक्सीजन की तरह है; वे भोजन और पानी के बिना तो रह सकते

हैं, लेकिन विप्रो के बिना एक दिन के लिए भी नहीं।

अगर वो सो नहीं रहे हैं तो निश्चित ही वे विप्रो के प्रभाव को और अधिक फैलाने के काम में लगे हुए हैं; वे उसकी उत्कृष्टता और प्रतिष्ठा और कैसे वह अपने आप को और बेहतर करने का प्रयास कर रही है, इस बारे में बात करना पसंद करते हैं। उनके लिए, विप्रो सिर्फ उनकी गतिविधियों में से एक तक ही सीमित नहीं है; यह सबकुछ है; विप्रो के आगे कुछ भी नहीं है। वे इसके प्रति पूरे समय समर्पित हैं। वे इसके लिए प्रति सप्ताह 40 घंटे काम करने के पक्षधर नहीं हैं, जैसा कि कई पेशेवरों का मानना है। वो प्रतिदिन लगभग 14 घंटे काम करते हैं, जो उनके साप्ताहिक काम को 90 घंटे से अधिक तक पहुँचा देता है।

इस बात को अभी लंबा अरसा नहीं हुआ है, जब वे भोर की पहली किरण से लेकर सुबह के सात बजे तक घर से काम करते और फिर उसके बाद कार्यालय पहुँचते। वे अपने कार्यालय के नजदीक ही रहते हैं, क्योंकि उन्हें बेंगलुरु के जबरदस्त ट्रैफिक में अपना कीमती समय बरबाद करना बेहद नापसंद है।

इस बात को अभी लंबा अरसा नहीं हुआ है, जब वे भोर की पहली किरण से लेकर सुबह के सात बजे तक घर से काम करते और फिर उसके बाद कार्यालय पहुँचते। वे अपने कार्यालय के नजदीक ही रहते हैं, क्योंकि उन्हें बेंगलुरु के जबरदस्त ट्रैफिक में अपना कीमती समय बरबाद करना बेहद नापसंद है।

विप्रो के अध्यक्ष के रूप में, वे अपने परिवार को अधिक समय नहीं दे पाए; और उनका परिवार भी इसे लेकर उनकी सीमाओं को समझता है और उन्होंने कभी इसकी शिकायत भी नहीं की। समय की इस कमी के बावजूद, वे अपने खाली समय को अपने परिवार के साथ बिताना पसंद करते हैं। वे अपना नाश्ता आमतौर पर अपने प्रबंधकों या फिर उपभोक्ताओं के साथ हो रही व्यावसायिक बैठकों के दौरान ही किया करते थे। नाश्ते के दौरान होनेवाली यह बैठकें दिन को निर्धारित कर देती थीं, जिसमें यह तय हो जाता

था कि कि उस दिन या फिर आनेवाले दिनों में क्या हासिल किया जाना है। यह व्यक्तिगत बातचीत विप्रो के लिए सफलता का आधार साबित हुई है।

एक व्यक्ति के रूप में अजीम एक बेहद ही सरल जीवन जीना पसंद करते हैं, जो उनके जैसे दौलतमंद व्यक्ति के लिए बेहद असामान्य बात है। वे गांधीजी के अनुयायी हैं और उन्हें लगता है कि यह महान् नेता हमेशा हर युग में प्रासंगिक रहेगा। उनका कार्यालय सुरुचिपूर्ण, लेकिन सरल है, जिसे शास्त्रीय कलाकृतियों से सजाया गया है। उनके बैठने की व्यवस्था इस प्रकार से की गई है कि वो अपने केबिन में बैठकर ही पूरे परिसर के चारों ओर नजर रख सकते हैं। वो कलाकृतियों के प्रशंसक हैं, लेकिन उभरते हुए चित्रकारों और मूर्तिकारों के कामों को खरीदना पसंद करते हैं, न कि स्थापित और प्रसिद्ध लोगों की। वे ऐसा उभरते हुए कलाकारों को प्रेरणा देने के लिए करते हैं।

अजीम अपने स्वास्थ्य को लेकर बेहद सजग रहते हैं। वे सलाह देते हैं कि हर किसी को खुद को मानसिक और शारीरिक रूप से स्वस्थ रखना चाहिए। वे कहते हैं कि व्यावसायिक या फिर अन्य पार्टियों में गपशप में शामिल होकर अपना मनोरंजन करने के मुकाबले किसी को पढ़ना अधिक बेहतर तरीका है।

अजीम अपने स्वास्थ्य को लेकर बेहद सजग रहते हैं। वे सलाह देते हैं कि हर किसी को खुद को मानसिक और शारीरिक रूप से स्वस्थ रखना चाहिए। वे कहते हैं कि व्यावसायिक या फिर अन्य पार्टियों में गपशप में शामिल होकर अपना मनोरंजन करने के मुकाबले किसी को पढ़ना अधिक बेहतर तरीका है। शारीरिक स्वास्थ्य पर ध्यान देने की अपनी आदत के चलते, उनका कहना है कि सीढ़ियाँ चढ़ने से अच्छा व्यायाम हो ही नहीं सकता। आपको यह जानकर आश्चर्य होगा कि उनका कार्यालय दसवीं मंजिल पर स्थित है और वे इसके बावजूद सीढ़ियों पर काफी लचीले ढंग से और तेजी से चढ़ते हैं।

स्वास्थ्य की देखभाल करने के काम के क्षेत्र में कई फायदे हैं। कार्यालय का उनका काम मुख्यत: प्रबंधन तक ही सीमित है, लेकिन आप उन्हें व्यापक स्तर पर कर्मचारियों के साथ बात करते हुए देख सकते हैं। उनका कहना है कि यह बातचीत उन्हें नए विचार प्रदान करती है, क्योंकि उन्हें लगता है कि सड़क पर चलनेवाला प्रत्येक आम आदमी आपको कुछ शानदार और नया सुना सकता है। उनका कहना है कि आप जितना बोलते हैं, उससे कहीं अधिक सुनना चाहिए और वे जब भी किसी से बातचीत कर रहे होते हैं, तो वे बोलना प्रारंभ करने से पहले सामनेवाले को सुनना पसंद करते हैं। यह ठहराव उन्हें चर्चा में चल रहे विषय को समझने और वे जिस व्यक्ति से बात कर रहे हैं, उसका आकलन करने का अवसर प्रदान करता है। यहाँ तक कि जब उन्हें ऐसा लगता है कि सामनेवाला व्यक्ति फिजूल की बात कर रहा है, वे शांत रहते हैं और उसकी बात को धैर्य से सुनते हैं। अपने व्यापक अनुभव और उच्च धारणाओं के चलते, उन्हें कैसे भी सतही ज्ञान या फिर चीजों के बल पर प्रभावित करना बिल्कुल भी आसान काम नहीं है, अगर आप उन्हें प्रभावित करना चाहते हैं, तो आपको उनसे संपर्क करने से पहले खुद को अच्छे से तैयार करना होगा।

अजीम को खुद को तैयार रखना बेहद पसंद है। उनका कहना है कि खुद को परिपूर्ण रखना सतही होने के मुकाबले बेहतर है। उनका कहना है कि अगर किसी व्यक्ति को एक घंटे की बैठक में बोलना है तो उसे कम-से-कम एक घंटा तैयारी करनी चाहिए और ऐसा न करने पर वो कुछ भी ठोस नहीं बोल पाएगा।

अजीम को खुद को तैयार रखना बेहद पसंद है। उनका कहना है कि खुद को परिपूर्ण रखना सतही होने के मुकाबले बेहतर है। उनका कहना है कि अगर किसी व्यक्ति को एक घंटे की बैठक में बोलना है तो उसे कम-से-कम एक घंटा तैयारी करनी चाहिए और ऐसा न करने पर वो कुछ भी ठोस नहीं बोल पाएगा। उन्हें ऐसा लगता है कि अगर आपकी बात में दम नहीं है, तो

अगली बार आपसे मुलाकात होने पर लोग आपकी ओर ध्यान देना बिल्कुल भी पसंद नहीं करेंगे।

कई लोग अपनी समस्याओं के समाधान खोजने के लिए अजीम से संपर्क करते हैं। वास्तविक जीवन में उनके व्यापक अनुभव को देखते हुए यह कोई असामान्य बात नहीं है। कई बार तो उन्हें बिल्कुल शुरुआत में ही इस बात का अहसास हो जाता है कि सामनेवाले व्यक्ति के पास बताने के लिए कुछ भी महत्त्वपूर्ण नहीं है। इसके बावजूद वे धैर्य से उसकी पूरी बात को सुनते हैं और अगर किसी बात को लेकर कोई संशय उभरता है तो उसके बारे में पूछते भी हैं। सामनेवाले व्यक्ति के आश्चर्य के लिए, अजीम खुद कोई समाधान नहीं प्रस्तुत करते हैं, बल्कि वे सामनेवाले व्यक्ति को ही उन समाधानों के बारे में बात करने के लिए कहते हैं, जो संभव हो सकते हैं और फिर उससे सबसे उपयुक्त को चुनने के लिए कहते हैं। अजीम का कहना है कि किसी समस्या का सामना करनेवाला व्यक्ति ही उसके लिए सबसे उपयुक्त समाधान प्रस्तुत कर सकता है, क्योंकि उन्होंने स्वयं इसका अनुभव किया है; हो सकता है कि सिर्फ उसके पास ही परिप्रेक्ष्य की कमी हो और अजीम उसका हौसला बढ़ाने का प्रयास करते हैं।

कई लोग अपनी समस्याओं के समाधान खोजने के लिए अजीम से संपर्क करते हैं। वास्तविक जीवन में उनके व्यापक अनुभव को देखते हुए यह कोई असामान्य बात नहीं है। कई बार तो उन्हें बिल्कुल शुरुआत में ही इस बात का अहसास हो जाता है कि सामनेवाले व्यक्ति के पास बताने के लिए कुछ भी महत्त्वपूर्ण नहीं है।

चूँकि अजीम खुद पूरी तैयारी करने को लेकर बेहद सजग रहते हैं, वे इस बात के पक्ष में बिल्कुल भी नहीं हैं कि किसी भी काम के लिए उनसे संपर्क करनेवाला व्यक्ति संवेदनहीन या फिर पूरी तैयारी किए बिना हो, अगर आप सिर्फ पूछने के लिए ही उनसे कुछ पूछते हैं तो यह निरी मूर्खता ही है।

अजीम को विषय को गहराई से समझने की आदत है और उसके बाद ही वह उस पर अपनी कोई राय या निर्णय देते हैं। उन्हें दूसरों पर अपने विचार थोपना बिल्कुल भी पसंद नहीं है।

वे अपने विचारों या फिर बयानों का विरोध होने पर भी अपना आपा नहीं खोते हैं। यहाँ तक कि अगर उन्हें किसी बात पर गुस्सा भी आ रहा हो, तो वे अपने आसपास मौजूद किसी को भी उसका जरा भी अंदाजा तक नहीं होने देते, वे अपने ऊपर इतना अधिक आत्म-नियंत्रण रखते हैं, ऊँची आवाज में बोलने की तो बात ही भूल जाइए। इसके बिल्कुल उलट, वे अपने विचारों को पूरा जोर देकर सामने रखना पसंद करते हैं, अगर उन्हें अपने विचारों को सिर्फ इसलिए संशोधित करना पड़ता है, क्योंकि वो गलत थे, तो वे ऐसा करने में जरा भी नहीं हिचकिचाते हैं।

वे अपने विचारों या फिर बयानों का विरोध होने पर भी अपना आपा नहीं खोते हैं। यहाँ तक कि अगर उन्हें किसी बात पर गुस्सा भी आ रहा हो, तो वे अपने आसपास मौजूद किसी को भी उसका जरा भी अंदाजा तक नहीं होने देते, वे अपने ऊपर इतना अधिक आत्म-नियंत्रण रखते हैं, ऊँची आवाज में बोलने की तो बात ही भूल जाइए।

किफायत अजीम की कार्यशैली है। यह उनके लिए जीवन जीने का तरीका है, चाहे वो उनका दिन-प्रतिदिन का जीवन हो या फिर बोलना। वे बोलने के दौरान बेहद कम शब्दों का प्रयोग करते हैं, लेकिन वे सुननेवालों पर सीधा प्रभाव छोड़ते हैं। वे अकसर मुद्दे पर बात करते हैं और उनके संपर्क में आनेवाले प्रत्येक व्यक्ति द्वारा उनकी इस बात की सराहना की जाती है।

उन्हें किसी बैठक के दौरान, बिल्कुल चुपचाप, बिना किसी अनावश्यक टिप्पणी के बैठे हुए देखा जा सकता है और जब वे बोलना प्रारंभ करते हैं, तो प्रत्येक वक्ता द्वारा बोली गई बात को संक्षेप में प्रस्तुत करते हैं और फिर वार्त्ता को समाप्त करने से पहले उसमें अपनी टिप्पणियाँ जोड़ देते हैं। आप उन्हें

बिना पूरी तैयारी के किसी भी बैठक में भाग लेते हुए नहीं देखेंगे।

अजीम को खुद को अतिरिक्त महत्त्व देना बिल्कुल भी पसंद नहीं है। वे अकसर कहते हैं कि विप्रो में कार्यरत प्रत्येक व्यक्ति बराबर है। वे दूसरों को कैसे महत्त्व देते हैं, इससे जुड़ा एक बेहद रोचक किस्सा है। वे आमतौर पर कंपनी में एक निर्दिष्ट स्थान पर अपनी कार पार्क करते थे। लेकिन एक दिन एक कर्मचारी ने वहाँ पर अपना वाहन खड़ा कर दिया, इसके चलते अजीम को अपनी कार कहीं और पार्क करनी पड़ी। जब परिसर प्रबंधक को इस बारे में पता चला तो उसने सभी कर्मचारियों के लिए एक नोटिस जारी कर दिया कि कोई भी उस विशेष स्थान पर अपना वाहन नहीं खड़ा करेगा। जब अजीम को इस नोटिस के बारे में पता चला तो उन्होंने तुरंत जवाब दिया, 'कोई भी कर्मचारी जहाँ कहीं भी चाहे अपने वाहन को खड़ा करने के लिए स्वतंत्र है, अगर मुझे किसी विशिष्ट स्थान पर ही अपनी कार को पार्क करना है तो मुझे दूसरे से पहले कार्यालय पहुँच जाना चाहिए।'

अजीम को खुद को अतिरिक्त महत्त्व देना बिल्कुल भी पसंद नहीं है। वे अकसर कहते हैं कि विप्रो में कार्यरत प्रत्येक व्यक्ति बराबर है। वे दूसरों को कैसे महत्त्व देते हैं, इससे जुड़ा एक बेहद रोचक किस्सा है। वे आमतौर पर कंपनी में एक निर्दिष्ट स्थान पर अपनी कार पार्क करते थे।

यह उनके मानसिक स्तर को दिखानेवाली घटनाओं में से सिर्फ एक है, ऐसे कई किस्से मौजूद हैं।

वे जब कभी देश में इधर से उधर यात्रा करते थे तो वे बिजनेस क्लास में यात्रा न करके इकोनॉमी क्लास में सफर करते थे। कई बार तो ऐसा भी हुआ कि उनके कर्मचारियों और सहयोगियों ने तो बिजनेस क्लास में यात्रा की और उन्होंने उसी हवाई जहाज में इकोनॉमी क्लास में। अगर उन्हें कहीं जाने के लिए टैक्सी लेने की आवश्यकता होती और वो आसानी से उपलब्ध नहीं हो रही होती तो वे बिना किसी हिचक के ऑटोरिक्शा कर लेते।

वे जब भी शहर से कहीं बाहर की यात्रा कर रहे होते, तो वे अपने साथ कपड़े धोने के पाउडर का एक पैकेट और एक इस्त्री रखना नहीं भूलते। वे होटल की लॉन्ड्री सेवाओं का लाभ उठाने के बजाय अपने कपड़े खुद ही धोना और इस्त्री करने को वरीयता देते। कई बार तो उन्होंने इस काम के लिए होटल से कपड़े धोने का पाउडर माँगकर भी लिया।

ये तमाम किस्से इस बात का जीवंत उदाहरण हैं कि अजीम किस प्रकार के व्यक्ति हैं! किफायती होने की धारणा उन्होंने सिर्फ अपने लिए निर्मित की है और वे इसे दूसरों पर नहीं थोपते हैं, हालाँकि वे दूसरों को इस बात का इशारा जरूर देते रहते हैं कि उन्हें भी इस मामले में उनका अनुसरण करना चाहिए। उनके कुछ कर्मचारियों ने विप्रो को सिर्फ इसलिए छोड़ दिया, क्योंकि उन्हें उनका यह किफायती रवैया पसंद नहीं था और वे उन्हें कंजूस कहते थे।

ये तमाम किस्से इस बात का जीवंत उदाहरण हैं कि अजीम किस प्रकार के व्यक्ति हैं! किफायती होने की धारणा उन्होंने सिर्फ अपने लिए निर्मित की है और वे इसे दूसरों पर नहीं थोपते हैं, हालाँकि वे दूसरों को इस बात का इशारा जरूर देते रहते हैं कि उन्हें भी इस मामले में उनका अनुसरण करना चाहिए।

अजीम एक बेहद साधारण कार को इस्तेमाल करना पसंद करते थे। उन्होंने 1996 में एक फोर्ड एस्कोर्ट खरीदी; और उसके बाद से बाजार में आई शानदार कारों की एक लंबी सूची है और उनमें से कोई भी उनके बजट से बाहर नहीं है, लेकिन उनका बिल्कुल स्पष्ट कहना है कि वे यह मानते हैं कि एक नई कार को खरीदना तब तक उचित नहीं है, जब तक कि उनकी पुरानी कार उनकी आवश्यकताओं की पूर्ति अच्छे से कर रही है। इसके सात साल बाद उन्होंने एक नई कार खरीदी, लेकिन तब भी अपनी पुरानी कार को खुर्द-बुर्द नहीं किया, जब उनसे इस बारे में पूछा गया, तो उन्होंने मुसकराते हुए जवाब दिया कि यह उनके लिए भाग्यशाली रही है। '…इसके अलावा मेरी पुरानी कार में कोई दिक्कत भी नहीं

है।' हालाँकि वे अपनी युवावस्था में इस मामले में एक बिल्कुल ही अलग व्यक्ति थे। उन्हें एक ऐसे युवा छात्र के रूप में वर्णित किया जाता है, जो अमेरिका में शानदार कारों का दीवाना था।

उनकी सादगी का नमूना तब भी स्पष्ट रूप से दिखाई दिया, जब 2005 में उन्होंने अपने बेटे की शादी एक बिल्कुल सादे समारोह में की। अजीम बेहद किफायती हैं, लेकिन उनकी इस सोच के पीछे एक ठोस कारण है। उनका बेहद दृढ़ता के साथ यह मानना है कि आनेवाले समय में किसी भी संस्थान को अपने खर्चों में कटौती करनी पड़ेगी, क्योंकि व्यापार में अधिक लोगों के उतरने के साथ प्रतिस्पर्धा बढ़ेगी और तब किफायती होने से सिर्फ मुनाफे में वृद्धि ही होगी। इसके अलावा असाधारण तरीके से दिखावटी होना अच्छा भी नहीं है। इस प्रकार के रहन-सहन ने उन्हें वो व्यक्ति बनाया है, जो वे आज हैं।

इसके अलावा, अजीम चीजों को सीधे शब्दों में, आँकड़ों के साथ सुनना पसंद करते हैं। वे सामान्य टिप्पणियों को नापसंद करते हैं। वे जब भी किसी भी विशेष विभाग की बिक्री के बारे में जानना चाहते हैं तो तो वे सिर्फ यह नहीं सुनना चाहते कि बिक्री बढ़ी है या फिर घटी है, बल्कि के उसके बढ़ने या घटने को प्रतिशत में या फिर संख्या में जानना चाहते हैं।

इसके अलावा, अजीम चीजों को सीधे शब्दों में, आँकड़ों के साथ सुनना पसंद करते हैं। वे सामान्य टिप्पणियों को नापसंद करते हैं। वे जब भी किसी भी विशेष विभाग की बिक्री के बारे में जानना चाहते हैं तो वे सिर्फ यह नहीं सुनना चाहते कि बिक्री बढ़ी है या फिर घटी है, बल्कि वे उसके बढ़ने या घटने को प्रतिशत में या फिर संख्या में जानना चाहते हैं। बिल्कुल इसी प्रकार, वो यह नहीं सुनना चाहते कि उनके कर्मचारी मिलनेवाले वेतन से असंतुष्ट हैं, इसके बजाय वो यह सुनना चाहते हैं कि क्या 12 प्रतिशत की वृद्धि उन्हें संतुष्टि प्रदान करेगी, और सबसे अच्छी बात यह है कि वो इन

माँगों की तुलना बाजार के रुझानों के साथ करते हैं और फिर उन्हें स्वीकृत या अस्वीकृत करते हैं।

अजीम भविष्य के लिए बिल्कुल स्पष्ट योजनाएँ तैयार करते हैं। उनकी योजनाएँ बेहद व्यापक होती हैं और वे मासिक, त्रैमासिक, अर्धवार्षिक, वार्षिक और तीन वर्षीय योजनाओं के संदर्भ में एक-दूसरे को ओवरलैप करती हैं। वो आगामी तीन साल की योजनाओं पर नजर रखते हुए अपनी मासिक और त्रैमासिक योजनाओं पर काम करते हैं। वे प्रत्येक वर्ष के अंत से पहले अपने प्रबंधकों के साथ बैठते हैं और आगामी तीन सालों के लिए योजनाएँ तैयार करते हैं। इस कदम को उठाने से पहले, वे पिछले तीन सालों की योजनाओं का गहन अध्ययन करके उनका सार निकालते हैं और साथ ही यह भी देखते हैं कि क्या वे उसके हिसाब से अपने लक्ष्य को पाने में सफल रहे हैं या नहीं! आगामी तीन सालों की योजनाओं को उन खूबियों और कमियों को ध्यान में रखकर तैयार किया जाता है, जिनका सामना कंपनी द्वारा बीते वर्ष में किया गया था और साथ ही बाजार के बदलते हुए कारोबारी रुझान को भी।

अजीम भविष्य के लिए बिल्कुल स्पष्ट योजनाएँ तैयार करते हैं। उनकी योजनाएँ बेहद व्यापक होती हैं और वे मासिक, त्रैमासिक, अर्धवार्षिक, वार्षिक और तीन वर्षीय योजनाओं के संदर्भ में एक-दूसरे को ओवरलैप करती हैं। वो आगामी तीन साल की योजनाओं पर नजर रखते हुए अपनी मासिक और त्रैमासिक योजनाओं पर काम करते हैं।

उनकी अगले तीन साल की योजनाओं में व्यक्तिगत विप्रो कंपनियों और विभागों के लिए उप-योजनाएँ भी शामिल हैं; और इन योजनाओं में उन्हें प्राप्त करने के लिए अतीत की उपलब्धियाँ, भविष्य के लक्ष्य, तरीके और रणनीतियाँ शामिल हैं और क्या इन रणनीतियों को निष्पादित करने के लिए तरीकों, जिम्मेदारियों को बदलने की कोई आवश्यकता है या नहीं?

अजीम हमेशा भविष्य पर अपनी नजर टिकाए रहते हैं। वे नेतृत्व को विकसित करने में विश्वास करते हैं और वे 'नेतृत्व विकास कार्यक्रम' आयोजित करते हैं, जिसका उद्‍देश्य प्रबंधकों को प्रशिक्षण प्रदान करना है, ताकि वे उच्च जिम्मेदारियों को सँभालने के लिए तैयार हो सकें। इस प्रशिक्षण में भाग लेनेवाले प्रबंधकों को ऐसे लोगों के रूप में देखा जाता है, जिनके भविष्य में विभाग या फिर कंपनी के प्रमुख के रूप में काम करने की संभावना होती है। अजीम खुद भी उनके सीधे संपर्क में रहते हैं, ताकि वे उनके बारे में अच्छे से जान सकें।

> ***जब बात श्रमशक्ति की आती है तो अजीम खुद को शामिल करते हैं। उनका कहना है कि मानव संसाधन किसी भी देश या फिर संस्थान के लिए सबसे महत्त्वपूर्ण संसाधन है और इसका चुनाव और विकास बेहद सावधानी के साथ किया जाना चाहिए।***

जब बात श्रमशक्ति की आती है तो अजीम खुद को शामिल करते हैं। उनका कहना है कि मानव संसाधन किसी भी देश या फिर संस्थान के लिए सबसे महत्त्वपूर्ण संसाधन है और इसका चुनाव और विकास बेहद सावधानी के साथ किया जाना चाहिए। इसी वजह के चलते विप्रो में ऐसे प्रबंधकों और उच्च अधिकारियों की संख्या में इजाफा होता रहता है, जिन्हें सीधे अजीम द्वारा चुना गया होता है। वे अपने कर्मचारियों को उतनी जिम्मेदारियाँ सौंपना पसंद करते हैं, जितनी उन्हें दी जा सकती हैं और ऐसा करने की अवधि अन्य कंपनियों के मुकाबले कम होती है।

एक और बात, जो अजीम के अपने कर्मचारियों के साथ वार्त्तालाप को विशेष बनाती है, वो यह है कि वे उस समय अपने लोगों के काम में दखल देना बिल्कुल भी पसंद नहीं करते, जब वे उन्हें जिम्मेदारियाँ सौंपते हैं; इसके बजाय, वे इस काम के लिए आयोजित होनेवाली त्रैमासिक बैठकों में उनसे रिपोर्ट जरूर तलब करते हैं। इन बैठकों का उपयोग पिछली उपलब्धियों और कमियों का विश्लेषण करने और इनमें सुधार के लिए क्या कदम उठाए जा

सकते हैं, यह तय करने के लिए किया जाता है। वे अपनी कोई भी राय देने से पहले, दूसरे क्या कहना चाहते हैं, यह सुनना पसंद करते हैं।

इस अनूठे नेतृत्व कार्यक्रम के परिणामस्वरूप, इस उद्योग ने अच्छी संख्या में अगुआओं को देखा है; इनमें से कइयों ने आई.टी. के ही क्षेत्र में अपनी स्वतंत्र कंपनियों की स्थापना की है और ऐसी कंपनियों की संख्या 100 के करीब है; और यह इस कार्यक्रम की प्रभावशीलता का बखान करने के लिए काफी है। इन कंपनियों में जानी-मानी माइंड ट्री कंसल्टिंग, एज्टेक सॉफ्टवेयर और फैबमार्ट भी शामिल हैं।

अजीम ने इस बात को स्वीकार किया है कि इस प्रकार की कार्यप्रणाली के चलते कंपनी को कुछ नुकसान भी उठाना पड़ना है, क्योंकि तैयार किए गए अगुआ कंपनी छोड़कर जाना पसंद करते, लेकिन इसके बावजूद वे काम करने के अपने तरीके को छोड़ने को तैयार नहीं हैं। उनका कहना है कि यह कुल मिलाकर देश के लिए बहुत अच्छा है, आखिरकार यह लोग एक बेहतर कारोबारी माहौल बनाने में अपना योगदान दे रहे हैं, जो कुल मिलाकर सभी कंपनियों के लिए फायदेमंद होगा।

अजीम ने इस बात को स्वीकार किया है कि इस प्रकार की कार्यप्रणाली के चलते कंपनी को कुछ नुकसान भी उठाना पड़ना है, क्योंकि तैयार किए गए अगुआ कंपनी छोड़कर जाना पसंद करते, लेकिन इसके बावजूद वे काम करने के अपने तरीके को छोड़ने को तैयार नहीं हैं।

अजीम अपने लोगों को काम करने की आजादी देने में जरा भी संकोच नहीं करते। वे उनपर गहराई से भरोसा करते हैं और उन्हें मुक्त बातचीत की आजादी देते हैं। उनका मानना है कि ऐसी आजादी के साथ उनके कर्मचारी अधिक परिपक्व होंगे और साथ ही इसके परिणामस्वरूप उनकी छिपी हुई प्रतिभा भी सामने आएगी। इसका उन श्रमिकों पर सकारात्मक प्रभाव पड़ा है, जिन्होंने समर्पित तरीके से काम किया है और अजीम की जीत इसमें ही निहित है।

अजीम की अपने कर्मचारियों के बीच जिम्मेदारियाँ बाँटने की इस क्षमता के चलते उन्हें बहुत अधिक खाली समय मिल जाता है। वे इस समय का सदुपयोग अपनी कंपनी का अध्ययन करने और अपने उपभोक्ताओं के बारे में और अधिक जानने में करते हैं। उनका मानना है कि कंपनी और उपभोक्ताओं के बीच अनावश्यक स्तर नहीं होने चाहिए; यह सिर्फ अनावश्यक दूरी लाता है और कंपनी उपभोक्ताओं की आकांक्षा, पसंद और नापसंद को समझने में विफल रहती है और यह कंपनी के लिए एक बहुत बड़े जोखिम जैसा है। इसी वजह से वो एक छोटे से स्टोर में भी एक आम उपभोक्ता से बात करने में कभी नहीं हिचकिचाते हैं; और उन्होंने ऐसा करना तब तक जारी रखा, जब तक वे कंपनी के अधिशासी अध्यक्ष पद पर बने रहे।

खुदरा विक्रेताओं और उपभोक्ताओं के साथ अपनी बातचीत के दौरान वे अकसर निम्न प्रकार के सवाल पूछते—ऐसे कौन से क्षेत्र हैं, जिनमें हम बिल्कुल ठीक हैं और किन क्षेत्रों में हम गलत कर रहे हैं? क्या आप विप्रो द्वारा प्रस्तुत की जा रही सेवाओं से संतुष्ट हैं? आप कितने संतुष्ट हैं? अगर नहीं, तो हमसे किन सुधारों को लाने की अपेक्षा करते हैं? वे कौन से तरीके हैं, जिनसे हम खुद को और अधिक बेहतर बना सकते हैं? वे कौन से क्षेत्र हैं, जिनमें हमें सुधार और बदलाव लाने की आवश्यकता है? आपकी नजर में हमारे प्रतिस्पर्धी हमसे कैसे आगे हैं? इन सवालों को पूछने में ही उनकी गंभीरता उनके उपभोक्ताओं के मुक्त विचारों को सामने लाती है, जो अंततः कंपनी के लिए फायदे के रूप में सामने आते हैं।

खुदरा विक्रेताओं और उपभोक्ताओं के साथ अपनी बातचीत के दौरान वे अकसर निम्न प्रकार के सवाल पूछते—ऐसे कौन से क्षेत्र हैं, जिनमें हम बिल्कुल ठीक हैं और किन क्षेत्रों में हम गलत कर रहे हैं? क्या आप विप्रो द्वारा प्रस्तुत की जा रही सेवाओं से संतुष्ट हैं? आप कितने संतुष्ट हैं? अगर नहीं, तो हमसे किन सुधारों को लाने की अपेक्षा करते हैं?

इस पूरी बातचीत के दौरान वे उपभोक्ता के मुँह से एक बिल्कुल स्पष्ट दृष्टिकोण सुनना पसंद करते। उनका मानना था कि इस जानकारी ने उपभोक्ताओं को कंपनी के और नजदीक लाने में सहायता की है, अगर उनकी जानकारी में यह बात आती कि कोई उपभोक्ता उनकी कंपनी से छिटककर दूर चला गया है, तो वे ऐसा होने के पीछे के कारण जानकर दोबारा उसका भरोसा जीतने का पूरा प्रयास करते।

उन्होंने काम के लिए लोगों को विक्रेताओं को चुनने के दौरान भी बिल्कुल यही दृष्टिकोण अपनाया। एक बार अजीम काम के सिलसिले में हैदराबाद आए हुए थे और उन्हें सत्यम कंप्यूटर्स के अध्यक्ष रामलिंगम राजू का कंपनी का दौरा करने का निमंत्रण प्राप्त हुआ। अंदर जाने के लिए प्रतीक्षा करने के दौरान उन्होंने वहाँ पर इंतजार कर रहे एक अन्य व्यक्ति के साथ बातचीत की। उन्हें जानकारी हुई कि वो व्यक्ति एक विक्रेता है और उसने अपनी सॉफ्टवेयर

उन्होंने काम के लिए लोगों को विक्रेताओं को चुनने के दौरान भी बिल्कुल यही दृष्टिकोण अपनाया। एक बार अजीम काम के सिलसिले में हैदराबाद आए हुए थे और उन्हें सत्यम कंप्यूटर्स के अध्यक्ष रामलिंगम राजू का कंपनी का दौरा करने का निमंत्रण प्राप्त हुआ।

सेवाएँ देने के लिए विप्रो के बजाय सत्यम को चुना था। पल भर में ही उनके भीतर का व्यापारी जाग उठा और वे और तो कुछ नहीं कर सकते थे, लेकिन उन्होंने उससे विप्रो न चुनने के कारण या परेशानी पूछी। वे इतना भी भूल गए कि वे अपने प्रतिद्वंद्वी के कार्यालय में बैठे हैं, जहाँ वे एक शिष्टाचार भेंट के लिए आए हुए हैं। अजीम अपने काम के प्रति इतने समर्पित थे।

प्रतिस्पर्धियों की बात आने पर अजीम का स्पष्ट रूप से यह मानना है कि हमें अपने प्रतिस्पर्धियों का पूरा सम्मान करना चाहिए और उन्हें हद से ज्यादा सम्मान देने में भी कोई बुराई नहीं है। अपने प्रतिस्पर्धियों से डरना अच्छी बात है। अपने प्रतिस्पर्धियों से डरकर दौड़ को बीच में ही छोड़ देना

अच्छी बात नहीं है। वे इस बात पर जोर देते हैं कि आपको अपने प्रतिस्पर्धियों पर पैनी नजर रखनी चाहिए और उसकी क्षमता के सापेक्ष आने का प्रयास करना चाहिए। इस प्रकार के प्रयास और कड़ी मेहनत के चलते ही कोई व्यक्ति या कोई कंपनी अपने लक्ष्यों को पाने में सफल हो सकते हैं।

अजीम एक शानदार वक्ता भी हैं; उन्हें ऐसे छोटे और सटीक भाषणों के लिए जाना जाता है, जिसमें विषय को बिल्कुल सटीक तरीके से छोटे बिंदुओं में बाँटा जाता है; और इससे उन्हें शब्दों को बरबाद किए बिना अपने संदेश को स्पष्ट रूप से व्यक्त करने में मदद मिलती है। वे अपने विचारों और राय को निर्भीकता से सामने रखते हैं; लेकिन वे यह सुनिश्चित करना भी ध्यान रखते हैं कि उनके शब्द शिष्टाचार और विनम्रता की सीमा को पार न करें। उन्हें अकसर कंपनी के मंचों पर बोलना पड़ता है और उन मौकों पर वे कंपनी के बुनियादी मूल्यों को प्रत्येक कर्मचारी में विकसित करने पर जोर देते हैं। उनके लिए ईमानदारी और प्रतिबद्धता सबसे अधिक पवित्र है और इनके साथ किसी भी प्रकार का समझौता नहीं किया जा सकता।

> ***अजीम एक शानदार वक्ता भी हैं; उन्हें ऐसे छोटे और सटीक भाषणों के लिए जाना जाता है, जिसमें विषय को बिल्कुल सटीक तरीके से छोटे बिंदुओं में बाँटा जाता है; और इससे उन्हें शब्दों को बरबाद किए बिना अपने संदेश को स्पष्ट रूप से व्यक्त करने में मदद मिलती है।***

वे ईमानदारी को लेकर कितने अधिक विशिष्ट थे, इसको एक किस्से से स्पष्ट किया जा सकता है। एक बार कर्मचारियों के लिए आयोजित प्रशिक्षण सत्र के दौरान उन्होंने कहा कि हमें कभी भी सत्य के मार्ग को छोड़ना नहीं चाहिए, परिस्थितियाँ चाहे जो भी हों। इस पर, एक व्यंग्यात्मक टिप्पणी सामने आई कि क्या मौजूदा परिस्थितियों में ऐसा कर पाना संभव है? अजीम ने इसपर चुटकी ली कि चाहे हम उसे देख पाने में सक्षम हों या न हों, सच्चाई हमेशा से ही व्याप्त रही है। उन्होंने कहा कि अपने सभी

कामों को पूरी ईमानदारी और सच्चाई के साथ करना संभव है, हालाँकि आप इससे इतर भी सोच सकते हैं। उन्होंने कहा कि व्यापार का अस्सी फीसदी हिस्सा पूरी ईमानदारी के साथ संचालित किया जाता है, तो फिर उन्हें बाकी के बीस प्रतिशत को लेकर क्यों चिंतित होना चाहिए? उन्होंने आगे कहा कि अगर 80:20 के अनुपात को उलटा करके 20:80 कर दिया जाए, तो हमें बीस प्रतिशत को अपनाना चाहिए। उन्होंने बेहद दृढ़ता के साथ कहा कि वो झूठ और बेईमानी के रास्ते पर चलने के बजाय कंपनी को बंद करना पसंद करेंगे। इस टिप्पणी के साथ उन्होंने दिखाया कि वो गांधीजी के सच्चे अनुयायी हैं। उनका कहना है कि गांधीजी का सत्य और अहिंसा का सिद्धांत हर समय और स्थितियों में लागू होता है।

अजीम विभिन्न क्षेत्रों में कार्यरत कई लोगों से प्रेरणा प्राप्त करते हैं। जहाँ तक व्यापार जगत् की बात है, तो वे जे.आर. डी. टाटा (टाटा समूह के पूर्व अध्यक्ष), जैक वेल्च (जी.ई. के पूर्व अध्यक्ष), जेफरी रॉबर्ट इम्मेल्ट (जी.ई. के पूर्व सी.ई.ओ.), बिल गेट्स (माइक्रोसॉफ्ट के संस्थापक) और माइकल डेल (डेल समूह की कंपनियों के संस्थापक अध्यक्ष) के प्रशंसक हैं।

अजीम विभिन्न क्षेत्रों में कार्यरत कई लोगों से प्रेरणा प्राप्त करते हैं। जहाँ तक व्यापार जगत् की बात है, तो वे जे.आर.डी. टाटा (टाटा समूह के पूर्व अध्यक्ष), जैक वेल्च (जी.ई. के पूर्व अध्यक्ष), जेफरी रॉबर्ट इम्मेल्ट (जी.ई. के पूर्व सी.ई.ओ.), बिल गेट्स (माइक्रोसॉफ्ट के संस्थापक) और माइकल डेल (डेल समूह की कंपनियों के संस्थापक अध्यक्ष) के प्रशंसक हैं।

अजीम को पुस्तकें पढ़ने का शौक है, खासकर प्रबंधन की पुस्तकें। उनके लिए समय की कमी के चलते पुस्तकों का चयन करना बेहद मुश्किल है और इस चयन के लिए वे पूरी तरह से अपने मित्रों की सिफारिशों पर निर्भर रहते हैं। किसी भी पुस्तक को पढ़ना शुरू करने से पहले वे इस बात

को सुनिश्चित कर लेते हैं कि उसे पढ़ने से उन्हें नए विचारों के रूप में कुछ फायदा जरूर मिलेगा। शायद यही कारण है कि वो प्रबंधन पुस्तकों को पढ़ना पसंद करते हैं, जो अंततः व्यवसाय के लिए उनके सिद्धांत को निर्धारित करने में उनकी मदद करते हैं।

उनके लिए फुरसत के पलों में किए जानेवाले कामों के लिए समय निकालना बेहद कठिन है, लेकिन जब भी मौका मिलता है, वे छोटी यात्राओं पर निकल जाते हैं और उन्हें अधिकांश अकेले यात्रा करना बेहद पसंद है। ऐसे भ्रमण के दौरान उनका कुत्ता 'फॉक्सी' अकसर उनका इकलौता साथी होता है। ऐसे ही एक भ्रमण के दौरान एक 15 किमी. लंबे रास्ते पर जाते समय वे एक चट्टान पर से फिसल गए थे और वो फॉक्सी ही था, जो घने जंगल में उनके लिए मदद लेकर आया था। यह मई 2019 की घटना है। वे इस हादसे में लगी चोटों से पूरी तरह से उबर चुके हैं, लेकिन वे अब पहले के मुकाबले कम सक्रिय हैं। वे जब आराम या फिर यात्रा कर रहे होते हैं, तो नियमित रूप से अपने परिवार और कंपनी के संपर्क में रहते हैं। वे अकसर कहते हैं कि अमीर होना उन्हें जरा भी रोमांचित नहीं करता। वे दूसरों के संग-साथ में आनंद लेना चाहते हैं, न कि दूसरों को आनंद से बाहर करके। उनके शब्दों में—'मेरा दृढ़ता के साथ मानना है कि हममें से जो लोग इतने सौभाग्यशाली हैं कि हमारे पास दौलत है, उन्हें उन लाखों लोगों के लिए एक बेहतर दुनिया बनाने का प्रयास करने में महत्त्वपूर्ण योगदान देना चाहिए, जो बेहद कम सौभाग्यशाली हैं।'

उनके लिए फुरसत के पलों में किए जानेवाले कामों के लिए समय निकालना बेहद कठिन है, लेकिन जब भी मौका मिलता है, वे छोटी यात्राओं पर निकल जाते हैं और उन्हें अधिकांश अकेले यात्रा करना बेहद पसंद है। ऐसे भ्रमण के दौरान उनका कुत्ता 'फॉक्सी' अकसर उनका इकलौता साथी होता है।

विप्रो के प्रमुख शेयर अजीम और उनके परिवार के नियंत्रण में हैं और

उनका बाजार मूल्य उन्हें देश के सबसे धनी व्यक्तियों में से एक बनाता है, हालाँकि वो इस बारे में अधिक परवाह नहीं करते हैं। उनका कहना है कि उन्होंने बाजार में काफी उतार-चढ़ाव देखे हैं और वे तात्कालिक और दीर्घकालिक लक्ष्यों को ध्यान में रखकर काम करना पसंद करते हैं। वो अन्य कंपनियों को भी ऐसा करने की सलाह देते हैं और कहते हैं कि उन्हें सिर्फ अपने शेयरों की कीमतें बढ़ाने के लिए काम नहीं करना चाहिए।

उन्होंने अपनी युवावस्था के दौरान खेलों में रुचि ली, लेकिन अपने पेशेवर जीवन में उन्होंने शायद ही कभी इन मनोविनोद के लिए समय निकाला हो। उन्हें जब भी दिनचर्या से समय मिलता है तो वे टेनिस और गोल्फ खेलना पसंद करते हैं, लेकिन ढलती उम्र ने उनपर नकारात्मक प्रभाव डाला है, इसलिए वे अब खेलों में भाग नहीं लेते हैं। इससे पूर्व वे स्कीईंग के लिए भी जाते थे।

उन्होंने अपनी युवावस्था के दौरान खेलों में रुचि ली, लेकिन अपने पेशेवर जीवन में उन्होंने शायद ही कभी इन मनोविनोद के लिए समय निकाला हो। उन्हें जब भी दिनचर्या से समय मिलता है तो वे टेनिस और गोल्फ खेलना पसंद करते हैं, लेकिन ढलती उम्र ने उनपर नकारात्मक प्रभाव डाला है, इसलिए वे अब खेलों में भाग नहीं लेते हैं। इससे पूर्व वे स्कीईंग के लिए भी जाते थे।

अजीम को एक तरफ जहाँ लोगों से मिलना-जुलना पसंद है, वे खुद को व्यर्थ की बातचीत में शामिल करना पसंद नहीं करते हैं; उनकी नजर में यह सिर्फ समय की बरबादी है। इसी वजह के चलते उन्हें कॉरपोरेट पार्टियों में शामिल होना बिल्कुल भी पसंद नहीं है। उन्हें लगता है कि ऐसी पार्टियों में शामिल होने के बजाय एक पुस्तक को पढ़ना या फिर एक लंबे भ्रमण पर जाना अधिक सार्थक है।

अजीम मुसलमान समुदाय से ताल्लुक रखते हैं, जो अकसर देश की क्षुद्र दलीय-राजनीति का शिकार होते रहते हैं। इस सच्चाई के बावजूद, वे भारत में

प्रचलित धर्मनिरपेक्षता पर गर्व महसूस करते हैं और एक स्वाभिमानी भारतीय हैं। हमें यह बात नहीं भूलनी चाहिए कि उनके पिता को किसी और ने नहीं, बल्कि खुद जिन्ना ने पाकिस्तान आकर बस जाने का न्योता दिया था और अजीम के बड़े भाई स्थायी रूप से वहाँ रहने के लिए पाकिस्तान चले गए थे।

2005 में दिए गए एक साक्षात्कार के दौरान अजीम ने धर्मनिरपेक्षता की प्रशंसा करते हुए कहा था कि वे एक ऐसे भारत में रह रहे हैं, जिसका प्रधानमंत्री एक सरदार है, जो अल्पसंख्यक सिख धर्म से ताल्लुक रखते थे; राष्ट्रपति मुसलमान धर्म से आते थे, जो एक बार फिर से अल्पसंख्यक समुदाय है और देश के सबसे बड़े राजनीतिक दल (कांग्रेस) की मुखिया इसाई धर्म, एक बार फिर अल्पसंख्यक समुदाय से ताल्लुक रखती हैं; जबकि इसके उलट, विपक्ष का नेता बहुसंख्यक हिंदू समुदाय से ताल्लुक रखता है। दुनिया के किसी भी अन्य देश में ऐसा उदाहरण मिल पाना बेहद कठिन है। अजीम अपने विचारों में बिल्कुल स्पष्ट हैं कि सभी धर्मों का समान रूप से सम्मान होना चाहिए। वे खुद हिंदू मंदिरों में जाते हैं। उनका कंपनी में बिल्कुल स्पष्ट निर्देश है कि किसी भी व्यक्ति को उसके धर्म के आधार पर कोई पद नहीं दिया जाएगा।

अजीम से पूछे जानेवाले आम सवालों में से एक ये है कि क्या वे राजनीति में आने के इच्छुक हैं? ऐसे मौकों पर, वे अपनी बात को स्पष्ट करने के लिए सिर्फ हलके से मुसकरा देते हैं। उनका कहना है कि वे खुद उन सिद्धांतों और आदर्शों पर चलना पसंद करते हैं।

अजीम से पूछे जानेवाले आम सवालों में से एक यह है कि क्या वे राजनीति में आने के इच्छुक हैं? ऐसे मौकों पर, वे अपनी बात को स्पष्ट करने के लिए सिर्फ हलके से मुसकरा देते हैं। उनका कहना है कि वे खुद उन सिद्धांतों और आदर्शों पर चलना पसंद करते हैं, जो उन्होंने वर्षों के दौरान विकसित किए हैं और वे उनसे हटना पसंद नहीं करते हैं। वे स्थितियों के प्रतिकूल होने पर समझौता करना पसंद नहीं करते हैं। वहीं दूसरी ओर,

राजनीति एक ऐसा क्षेत्र है, जिसमें किसी भी व्यक्ति को अपनी विचारधारा उलट होने के बावजूद समझौते करने ही पड़ते हैं। इसी वजह से राजनीति को वे अपने लिए बिल्कुल भी उपयुक्त नहीं मानते हैं।

इतना अधिक लोकप्रिय होने के बावजूद अजीम को सुर्खियों में रहना बिल्कुल भी पसंद नहीं है। वे व्यक्तिगत सवालों का जवाब देना पसंद नहीं करते हैं और इसी वजह के चलते एक व्यक्ति के रूप में अजीम और एक पारिवारिक व्यक्ति अजीम के बारे में बहुत कम जानकारी है। उन्होंने ऐसे सवालों को पूरी तरह से नजरअंदाज किया है, क्योंकि उनके निजी मामलों के बारे में कोई भी एक बयान सैकड़ों और सवालों को आमंत्रित करेगा। जब उनका चेहरा खासा मशहूर हो गया था, तो उसके बाद उन्होंने एक मौके पर कहा था कि उन्हें चिड़ियाघर के एक जानवर की तरह लगता है, जिसे एक छोटे से बाड़े में बंद कर दिया गया हो। वे मीडिया से दूरी बनाए रखना पसंद करते हैं और टी.वी. या पत्रिकाओं को साक्षात्कार देना पसंद नहीं करते।

इतना अधिक लोकप्रिय होने के बावजूद अजीम को सुर्खियों में रहना बिल्कुल भी पसंद नहीं है। वे व्यक्तिगत सवालों का जवाब देना पसंद नहीं करते हैं और इसी वजह के चलते एक व्यक्ति के रूप में अजीम और एक पारिवारिक व्यक्ति अजीम के बारे में बहुत कम जानकारी है।

थोड़ा-बहुत जोखिम उठाए बिना व्यवसाय को कामयाब नहीं किया जा सकता। अजीम कहते हैं कि वे सामान्य तौर पर जोखिन उठाते नहीं हैं, जब भी उन्हें लगता है कि कंपनी को कोई विशेष कदम उठाना चाहिए या फिर किसी नए क्षेत्र में अपने पंख फैलाने चाहिए, तो वे उसके बारे में सबकुछ जानने के लिए एक गहन अध्ययन प्रारंभ करते हैं और इस बात की भी पूरी संभावना है कि वे कुछ पेशेवरों को यह जानने के लिए नियुक्त करें कि उन्हें आगे बढ़ना चाहिए या नहीं ? विशेषज्ञों का मानना है कि जोखिम न उठाने की उनकी इस

प्रवृत्ति के कारण ही विप्रो सिर्फ दूसरे या तीसरे पायदान पर रहनेवाली कंपनी बनकर रह गई है और शीर्ष स्थान पर काबिज नहीं हो पाई है।

अजीम अपने व्यापार के सभी पहलुओं को लेकर बिल्कुल स्पष्ट विचार रखते हैं। विप्रो ने तेल और वनस्पति घी का निर्माण करनेवाली एक कंपनी के रूप में संचालन शुरू किया था, इसके बावजूद आज की तारीख में, इसे कंप्यूटर और सॉफ्टवेयर के व्यवसाय के लिए बेहतर जाना जाता है। वास्तविकता यही है कि इसकी आय का 85 फीसदी हिस्सा सॉफ्टवेयर व्यवसाय से आता है; इसलिए यह कंपनी की रीढ़ की तरह बन गया है। व्यापारिक जगत् में एक सवाल, जो अकसर उठाया जाता है कि वे अपने तेल और साबुन के व्यवसाय को क्यों जारी रखे हुए हैं? लोगों की राय है कि यह समय की बरबादी का एक अच्छा नमूना है, क्योंकि यह कंप्यूटर के क्षेत्र में पहले से ही काफी अच्छा प्रदर्शन कर रही है।

अजीम अपने व्यापार के सभी पहलुओं को लेकर बिल्कुल स्पष्ट विचार रखते हैं। विप्रो ने तेल और वनस्पति घी का निर्माण करनेवाली एक कंपनी के रूप में संचालन शुरू किया था, इसके बावजूद आज की तारीख में, इसे कंप्यूटर और सॉफ्टवेयर के व्यवसाय के लिए बेहतर जाना जाता है।

हालाँकि अजीम बिल्कुल अलग तरीके से सोचते हैं। वे अपने तेल और साबुन के व्यवसाय को जारी रखना चाहते हैं और वे इसके पीछे के एक नहीं, बल्कि चार कारण गिनवाते हैं। सबसे पहले तो, एफ.एम.जी.सी. खंड की उनकी यह तमाम कंपनियाँ काफी अच्छा प्रदर्शन कर रही हैं और सभी अच्छी तरह से स्थापित हैं, तेजी से बढ़ रही हैं, इसलिए उन्हें इनमें से किसी में भी समय देने की आवश्यकता नहीं है। दूसरा, उनके यह उत्पाद कई ऐसे उपभोक्ताओं तक भी पहुँचते हैं, जिनका आज की तारीख में कंप्यूटर से कोई लेना-देना नहीं है, लेकिन समय के बदलते दौर में हो सकता है कि एक दिन उन्हें कंप्यूटर से खुद को जोड़ना पड़े और उस समय, विप्रो एफ.एम.जी.सी.

की सुखद यादें उन्हें विप्रो कंप्यूटर्स की ओर जाने को बढ़ावा देंगी। तीसरा, उनके अधिकांश सबसे कुशल प्रबंधक, निदेशक और बिक्री प्रतिनिधि इन्हीं कंपनियों से आए हैं, इसलिए यह कंपनियाँ प्रतिभा के लिए एक अच्छे निवेश केंद्र की तरह हैं और अंत में, उनके सभी प्रारंभिक व्यावसायिक अनुभव इन्हीं उत्पादों से जुड़े हुए हैं और वे उन्हें सिर्फ इसलिए नहीं छोड़ना चाहते हैं, क्योंकि अब उनके पास एक अधिक फायदेमंद व्यवसाय है और विशेषकर तब, जब वे उन्हें किसी भी प्रकार का कोई नुकसान नहीं दे रही हैं।

अजीम का सारा जोर उत्कृष्टता पर रहता है और उन्होंने कंपनी में एक उत्कृष्टता केंद्र भी खोला है। कर्मचारी इस केंद्र में नए विचारों को लेकर आते हैं और अगर वे उपयोगी पाए जाते हैं या फिर उनमें क्षमता होती है तो उन्हें आगे बढ़ने के लिए प्रोत्साहित किया जाता है। इस केंद्र में बड़ी संख्या में लोग काम करते हैं, जो नई परियोजनाओं और विचारों को मजबूती प्रदान करने का काम करते हैं। एक कर्मचारी के अनुसार, 'यह देखना सबसे अधिक संतोषजनक होता है कि आपके विचार पर शीर्ष स्तर तक पर गौर किया जाता है और इसे सीधे ही खारिज नहीं किया जाता; इसे स्वीकार किए जाने की इकलौती शर्त यह है कि यह रचनात्मक, नवीन और अभिनव होना चाहिए और इससे कार्यशैली बेहतर करने में मदद मिलनी चाहिए।'

अजीम का सारा जोर उत्कृष्टता पर रहता है और उन्होंने कंपनी में एक उत्कृष्टता केंद्र भी खोला है। कर्मचारी इस केंद्र में नए विचारों को लेकर आते हैं और अगर वे उपयोगी पाए जाते हैं या फिर उनमें क्षमता होती है तो उन्हें आगे बढ़ने के लिए प्रोत्साहित किया जाता है। इस केंद्र में बड़ी संख्या में लोग काम करते हैं, जो नई परियोजनाओं और विचारों को मजबूती प्रदान करने का काम करते हैं।

अजीम कभी अपनी उपलब्धियों को लेकर शेखी नहीं बघारते हैं, लेकिन इसी के साथ उन्होंने जो कुछ हासिल किया है, वे उसे लेकर संतुष्ट भी नहीं

हैं। वे निरंतर सफलता के लिए प्रयास करते रहते हैं। वे विशेषतौर पर कहते हैं कि सफलता सिर्फ एक भ्रम है; यह एक पल के लिए आपके पास हो सकती है और फिर ऐसा भी हो सकता है कि अगले ही पल यह आपको छोड़कर किसी दूसरे के दामन में चली जाए। उनसे जब भी यह पूछा जाता है कि उन्हें पाई हुई सफलता के इतने उच्च शिखर पर पहुँचकर कैसा लगता है, तो वे यह कहते हुए मुसकरा देते हैं कि उन्होंने अभी कुछ हद तक ही सफलता प्राप्त की है, लेकिन अभी हासिल किए जाने के लिए बहुत-कुछ बाकी है। वे कहते हैं कि वे खुद के लिए लक्ष्य तय करते हैं और फिर उन्हें प्राप्त करने के प्रयास करते हैं। वे जैसे ही अपने लक्ष्यों को सफलतापूर्वक प्राप्त कर लेते हैं, वे तुरंत ही अपनी नजरें अगले लक्ष्य पर गड़ा देते हैं; और इस प्रकार, सफलता प्राप्त करना एक प्रक्रिया है, न कि किसी घटना की परिणति।

जब उनसे यह पूछा गया कि वे अपनी सफलता के फल का आनंद कैसे उठाते हैं, तो उन्होंने कहा कि सफलता का सबसे बड़ा पुरस्कार सफलता ही है, कुछ और नहीं। यह काम करने के लिए और अधिक तीव्र प्रेम जगाती है। 'यह मेरे स्वभाव में समाहित है।'

जब उनसे यह पूछा गया कि वे अपनी सफलता के फल का आनंद कैसे उठाते हैं, तो उन्होंने कहा कि सफलता का सबसे बड़ा पुरस्कार सफलता ही है, कुछ और नहीं। यह काम करने के लिए और अधिक तीव्र प्रेम जगाती है। 'यह मेरे स्वभाव में समाहित है।'

एक बार उनसे पूछा गया कि अपने व्यवसाय को लेकर उनकी दबी हुई इच्छा क्या है? तो उन्होंने कहा कि वे अपनी कंपनी को दुनिया की शीर्ष दस कंपनियों में देखना चाहेंगे। इसके बाद उनसे यह पूछा गया कि उन्होंने अपनी कंपनी को शीर्ष पर देखने की इच्छा क्यों नहीं की? उन्होंने जवाब में कहा कि आप इसे रातोरात नहीं हासिल कर सकते। आपको सबसे पहले शीर्ष दस को अपना लक्ष्य बनाना होगा, फिर शीर्ष पाँच में पहुँचना होगा, फिर शीर्ष तीन

और फिर शीर्ष स्थान पर। जब उनसे पूछा गया कि इसे प्राप्त करने के लिए वे क्या योजना तैयार कर रहे हैं? तो उन्होंने कहा कि सफलता की दौड़ तो चिरस्थायी है; आपको अपने लिए लक्ष्य निर्धारित करते रहना होता है और समय-समय पर उन्हें संशोधित भी करना होता है। सफलता का सबसे बड़ा पुरस्कार वह दौड़ है, जिसे आप इसे प्राप्त करने के लिए दौड़ते हैं। इससे मिलनेवाला अनुभव अजेय है।

अजीम मई 2019 की गिरनेवाली दुर्घटना के बाद पूरी तरह से स्वस्थ हो गए हैं और बोर्ड की बैठकों में भाग भी ले रहे हैं, लेकिन ऐसा प्रतीत होता है कि वे सेवानिवृत्ति में हैं और रिशद मामलों के नियंत्रण में हैं। यह एक बेहद महत्त्वपूर्ण समय है, क्योंकि सी.ई.ओ. आबिद नीमचवाला जून 2020 में कंपनी को अलविदा कह चुके हैं, जबकि महामारी अपने पूरे चरम पर है और लंबे समय तक लागू किए गए लॉकडाउन के बावजूद इसे रोकने में अधिक सफलता मिलती दिखाई नहीं दे रही है। थिएरी डेलापोर्ट ने नीमचवाला का पद सँभाल लिया है और वे कंपनी के 2019-20 के साधारण प्रदर्शन के बाद पद सँभाल रहे हैं। यह निश्चित रूप से बिल्कुल सच है कि 2020 दुनिया के लिए बड़ी चुनौतियाँ लेकर आया है और विप्रो भी कोई अपवाद नहीं है। हम जिस समय इसे लिख रहे हैं, तब कई टीकों के सफल होने के दावों के बीच दुनिया भर में अनिश्चितता बढ़ती ही जा रही है और कुछ देशों में तो टीकाकरण का काम पहले ही प्रारंभ किया जा चुका है और इसी बीच वायरस का एक नया संस्करण भी सामने आने की बात उठ रही है, जिसे पहलेवाले से भी अधिक जानलेवा बताया जा रहा है। ऐसे में, हम आशा करते हैं कि दुनिया और विप्रो एक बार फिर सामान्य स्थिति में आ जाएँ और दुनिया जीने और व्यापार करने के लिए एक बेहतर स्थान बन जाए!

□

दिल से परोपकार

जब कोविड-19 से प्रेरित महामारी ने भारत में अपने पाँव पसारे और इसके फलस्वरूप देश भर में लॉकडाउन लागू किया गया, तो सोशल मीडिया पर ऐसी तसवीरों की भरमार हो गई, जिसमें कई लोग थोड़ी मात्रा में खाने-पीने के सामान या फिर ऐसी ही चीजों का दान कर रहे थे और गरीब लोग मुरझाए हुए चेहरों के साथ उसे ले रहे थे; देनेवालों के अतिविश्वासी चेहरे ऐसे लग रहे थे, जैसे उन्होंने परोपकार का सबसे बड़ा काम किया हो और तसवीरों में उन्हें प्राप्त करनेवाला व्यक्ति शर्मिंदगी से गड़ा जा रहा था। यह उस कठिन समय में सहायता प्राप्त करनेवाले व्यक्ति के लिए अपमान और शर्मिंदगी जैसा था। यह उस भारतीय परंपरा के बिल्कुल उलट था, जिसमें बाएँ हाथ तक को यह पता नहीं चलता था कि दाएँ हाथ ने कब दान कर दिया! ऐसे लोगों को अजीम प्रेमजी से कुछ सबक अवश्य सीखने चाहिए, जो देश के सबसे बड़े परोपकारी हैं और वो भी बिना किसी शोर-शराबे के!

अजीम अपने बचपन से ही देखते आ रहे थे कि कैसे उनकी माँ, गुलबानो प्रेमजी, बॉम्बे के हाजी अली के पास स्थित बच्चों के ऑर्थोपेडिक अस्पताल, जिसकी स्थापना 'सोसाइटी फॉर रिहैबिलिटेशन ऑफ क्रिपल चिल्ड्रेन' (एस.आर.सी.सी.) के तत्त्वावधान में हुई थी, के जरिए दान-पुण्य के काम में लगी हुई हैं। इसने विशेष रूप से देश में पोलियो को खत्म करने की दिशा में काम

किया और इसका प्रयास पूरी तरह से फलीभूत भी हुआ है, जब सरकार और रोटरी इंटरनेशनल जैसे बड़े संस्थानों की मदद से इस महामारी को देश से पूरी तरह से समाप्त कर दिया गया है, लेकिन इसके बावजूद इन संस्थानों द्वारा दिए गए योगदान को कम करने नहीं आँका जा सकता।

अजीम ने देखा कि उनकी माँ इतनी उदार थीं कि वे ट्रस्ट को अपना समय देने के साथ-साथ पैसा भी देती थीं, क्योंकि वे एक डॉक्टर थीं। इसके अलावा उन्होंने अपनी माँ से यह भी सीखा कि परोपकार में कैसा भी भेदभाव नहीं किया जाना चाहिए; यह अस्पताल प्रमुख रूप से मुसलमान बच्चों का इलाज करता था, लेकिन इसने कभी भी दूसरे धर्मों और समुदायों के मरीजों के आने पर कैसा भी भेदभाव नहीं किया।

> ***अजीम ने जब विप्रो की बागडोर सँभाली, तो उनके पास परोपकार को लेकर कोई विशिष्ट विचार नहीं था और इस बारे में भी अधिक जानकारी नहीं है कि क्या उन्होंने तब तक कोई दान-पुण्य भी किया था या नहीं, और वे प्रमुख रूप से व्यवसाय पर ही केंद्रित थे।***

अजीम ने जब विप्रो की बागडोर सँभाली, तो उनके पास परोपकार को लेकर कोई विशिष्ट विचार नहीं था और इस बारे में भी अधिक जानकारी नहीं है कि क्या उन्होंने तब तक कोई दान-पुण्य भी किया था या नहीं, और वे प्रमुख रूप से व्यवसाय पर ही केंद्रित थे। आखिरकार, परोपकार के लिए यह जरूरी है कि पहले आप पैसा कमाएँ और फिर एक अलग अंदाज में आगाज करें। 2019 से पहले, किसी को इस बात की उम्मीद नहीं थी कि अजीम इतने खुले हाथों से परोपकार के काम करेंगे; और इस सोच को विशेष रूप से इसलिए उचित भी माना गया, क्योंकि उन्होंने व्यापार में अपने परिवार की हिस्सेदारी को 80 प्रतिशत से कम कर देने से स्पष्ट इनकार कर दिया था, इसलिए उन्हें कई मौकों पर स्वार्थी भी करार दिया गया, लेकिन जब उन्होंने इसमें शामिल होने का फैसला किया, तो लोगों की आँखें फटी-की-फटी रह गईं; उन्होंने कुछ लाख या करोड़ों का नहीं,

बल्कि पूरे 21 बिलियन डॉलर का दान दिया।

परोपकार करने से पहले भी अजीम इस बात को लेकर बिल्कुल स्पष्ट थे कि उन्हें समाज को कुछ वापस देना है, क्योंकि उन्होंने उससे ही सबकुछ अर्जित किया है और उनकी सफलता का श्रेय उसे ही जाता है। वे अकसर खुद को समाज से जुड़ा 'दौलत का संरक्षक' कहते थे।

हो सकता है कि शिखर पर रहने के इतने वर्षों के दौरान, वो एक ऐसे जरिए के बारे में सोच रहे हों, जिसके जरिए वे समाज की सेवा कर सकें, क्योंकि वे समाज पर एक चिरस्थायी छाप छोड़ना चाहते थे, जो लोगों को आनेवाले दिनों में एक बेहतर जीवन देखने और जीने में मददगार साबित हो सके। उन्होंने देश के सभी हिस्सों की यात्रा की और यह यात्राएँ उन्हें दूरस्थ भागों तक भी लेकर गईं, जहाँ उन्होंने अपनी आँखों से देखा कि आजादी के इतने दशकों बाद भी इन लोगों के लिए कुछ भी नहीं बदला है। उन्होंने यह भी देखा कि हालाँकि देश के पास प्रचुर संसाधन हैं, फिर भी राजनीतिक दलों द्वारा इसका कुप्रबंधन किया जा रहा है, अगर लोगों को आसानी से गुमराह किया जा रहा है तो इसका सबसे बड़ा कारण है देश की बदहाल शिक्षा प्रणाली। वे यह देखकर बेहद दुःखी हुए कि बच्चों को अभी भी चीजों को समझने और उनका विश्लेषण करने के बजाय, रटकर सीखने के लिए प्रोत्साहित किया जा रहा है। उन्हें यह बात अच्छे से मालूम थी कि वे सिर्फ एक चेक पर दस्तखत करके और इस बारे में भूलकर इसे हासिल नहीं कर सकते हैं। उन्होंने तय किया कि उन्हें गहराई से शामिल और प्रतिबद्ध होने की आवश्यकता है। उन्हें ऐसा कहते हुए पाया गया, "मैं

हो सकता है कि शिखर पर रहने के इतने वर्षों के दौरान, वो एक ऐसे जरिए के बारे में सोच रहे हों, जिसके जरिए वे समाज की सेवा कर सकें, क्योंकि वे समाज पर एक चिरस्थायी छाप छोड़ना चाहते थे, जो लोगों को आनेवाले दिनों में एक बेहतर जीवन देखने और जीने में मददगार साबित हो सके।

भारत के लिए कुछ महत्त्वपूर्ण योगदान करना चाहता हूँ। मैं कुछ बड़ा करना चाहता हूँ, कुछ दीर्घकालिक, कुछ बड़े पैमाने पर और कुछ ऐसा, जो अपने पीछे एक धरोहर छोड़े।' और उन्होंने यह साबित किया कि वे अपनी इस सोच को वास्तविकता में बदलने को लेकर पूरी तरह से दृढ़ थे; उनके लिए परोपकार 'विचार को लागू करने' जैसा था।

अजीम ने सिर्फ शिक्षा को ही केंद्रित नहीं किया था कि वे इस क्षेत्र में काम करना चाहते हैं; लेकिन उन्होंने इस विषय में विभिन्न लोगों से चर्चा जरूर की थी, विशेषकर उनसे, जो लंबे समय से समाजसेवा से जुड़े हुए थे। उन्होंने इसके अलावा टी.आई.एस.एस. (टाटा इंस्टीट्यूट फॉर सोशल साइंसेस) और यहाँ तक कि यू.जी.सी. (विश्वविद्यालय अनुदान आयोग) जैसे समाजसेवा और शैक्षणिक संस्थानों से भी संपर्क साधा, ताकि वे उनके दृष्टिकोण के बारे में जान सकें। उन्हें दी गई पेशेवर सलाह ने समाज में व्याप्त तीन प्रमुख विकृतियों की ओर इशारा किया, जिनसे तत्काल निपटने की आवश्यकता थी और वे थीं—गरीबी, भ्रष्टाचार और शिक्षा।

अजीम ने एक बार फिर सलाह ली कि उन्हें किस क्षेत्र में उतरना चाहिए ? और इन चर्चाओं से उन्हें यह बात समझ में आई कि वो शिक्षा का क्षेत्र है, जो समाज को बेहतर में बदल सकता है; यह एक ऐसा हथियार है, जिसके जरिए समाज में व्याप्त गरीबी और भ्रष्टाचार की कुरीतियों को जड़ से उखाड़ा जा सकता है।

अजीम ने एक बार फिर सलाह ली कि उन्हें किस क्षेत्र में उतरना चाहिए ? और इन चर्चाओं से उन्हें यह बात समझ में आई कि वो शिक्षा का क्षेत्र है, जो समाज को बेहतर में बदल सकता है; यह एक ऐसा हथियार है, जिसके जरिए समाज में व्याप्त गरीबी और भ्रष्टाचार की कुरीतियों को जड़ से उखाड़ा जा सकता है। उन्होंने यह बात महसूस की कि निरक्षर लोगों को भ्रष्ट राजनेताओं द्वारा जाति और धर्म जैसे सतही मुद्दों के आधार पर आसानी से

गुमराह किया जा सकता है और इसके फलस्वरूप ऐसे राजनेता अपने छिपे हुए एजेंडे के जरिए देश को नुकसान पहुँचाना जारी रखते हैं।

अजीम द्वारा शिक्षा के क्षेत्र को चुन लिये जाने के बाद, अब उन्हें यह तय करना था कि उन्हें काम कैसे करना चाहिए, ताकि समाज में एक बुनियादी बदलाव लाया जा सके और उन्हें किस स्तर पर शुरुआत करनी चाहिए? वे एक ऐसे स्तर पर काम करना चाहते थे, जो उनके पीछे एक विरासत छोड़कर जाए। इसके लिए आवश्यक था कि वो एक बोर्ड का गठन करें, एक सी.ई.ओ. को नियुक्त करें और चैरिटी के ढाँचे को एक संस्थागत रूप दें। 'अजीम प्रेमजी फाउंडेशन' को 9 मार्च, 2001 को अस्तित्व में लाया गया था और इससे पूर्व कुछ परोपकारी कामों को 'अजीम प्रेमजी फाउंडेशन (आई) प्राइवेट लिमिटेड' के तहत अंजाम दिया गया था, जिसे करीब एक साल पहले स्थापित किया गया था और बाद में इसका नाम बदलकर 'अजीम प्रेमजी फिलान्ट्रोफिक इनीशिएटिव' (ए.पी.पी.आई.) कर दिया गया था; यह वो प्रतिष्ठान था, जिससे विभिन्न एन.जी.ओ. को फंड दिया जाता था।

अजीम द्वारा शिक्षा के क्षेत्र को चुन लिये जाने के बाद, अब उन्हें यह तय करना था कि उन्हें काम कैसे करना चाहिए, ताकि समाज में एक बुनियादी बदलाव लाया जा सके और उन्हें किस स्तर पर शुरुआत करनी चाहिए? वे एक ऐसे स्तर पर काम करना चाहते थे, जो उनके पीछे एक विरासत छोड़कर जाए।

दिसंबर 2009 में 'अजीम प्रेमजी फाउंडेशन फॉर डेवलपमेंट' की स्थापना के साथ परोपकार के लिए किए गए प्रयास और अधिक आगे बढ़े और इसी के तहत 'अजीम प्रेमजी विश्वविद्यालय' की स्थापना हुई। 'अजीम प्रेमजी ट्रस्ट' की स्थापना अप्रैल 2010 में हुई थी और यह धर्मार्थ संपत्ति का मालिक है।

अजीम की समाजसेवा देशभर के करीब 5,000 स्कूलों तक पहुँचती है

और इससे करीब 17 लाख बच्चे लाभान्वित होते हैं। इसका सारा जोर तर्कसंगत और वैज्ञानिक शिक्षा प्रदान करने पर रहता है, ताकि इससे निकलनेवाले छात्र देश के ऐसे अनमोल नागरिक बनें, जो जाति या फिर धर्म पर आधारित किसी भी संकीर्ण सोच से बिल्कुल परे हों। उनकी कामना है कि इन छात्रों के पास सवाल उठाने का साहस होना चाहिए और साथ ही उनके जवाब तलाशने का भी। वे चाहते हैं कि वे एक सार्थक भाव के संदर्भ में देश और दुनिया की सेवा करने में सक्षम हों। आज, 'अजीम प्रेमजी फाउंडेशन' का उद्देश्य गुणवत्ता, प्रदर्शन और उद्देश्य की अखंडता है।

'अजीम प्रेमजी फाउंडेशन' द्वारा 13 मार्च, 2019 को जारी प्रेस विज्ञप्ति के अनुसार, प्रेमजी ने फाउंडेशन के लिए विप्रो के 34 प्रतिशत शेयर, जिनकी कीमत 7.5 बिलियन डॉलर (यानी 52,750 करोड़ रुपए) आँकी गई है, निर्धारित कर दिए हैं और उनकी तरफ से प्राप्त होनेवाले दान की कुल राशि 21 बिलियन डॉलर (यानी 1,45,000 करोड़ रुपए) हो जाती है। यह कुल राशि तीन स्रोतों से आती है—11.83 बिलियन डॉलर के विप्रो के शेयर, प्रेमजी इंवेस्ट से 6.69 बिलियन डॉलर और शेष 2.5 बिलियन डॉलर नकद में अजीम प्रेमजी ट्रस्ट के पास मौजूद बंदोबस्ती के जरिए। परोपकार के कामों के लिए उनके द्वारा दान किए जाने का काम वर्ष 2000 में ही रूप लेने लगा था। वर्तमान मूल्य पर, बंदोबस्ती का कोष 23.5 बिलियन डॉलर का है और यह समय के साथ और अधिक बढ़ेगा। यह बंदोबस्ती पूरी तरह से विप्रो की निर्भरता से मुक्त होगी और इसे

> ***'अजीम प्रेमजी फाउंडेशन' द्वारा 13 मार्च, 2019 को जारी प्रेस विज्ञप्ति के अनुसार, प्रेमजी ने फाउंडेशन के लिए विप्रो के 34 प्रतिशत शेयर, जिनकी कीमत 7.5 बिलियन डॉलर (यानी 52,750 करोड़ रुपए) आँकी गई है, निर्धारित कर दिए हैं और उनकी तरफ से प्राप्त होनेवाले दान की कुल राशि 21 बिलियन डॉलर (यानी 1,45,000 करोड़ रुपए) हो जाती है।***

एक ऐसी स्वतंत्र इकाई के रूप में देखा जा रहा है, जो अपने पीछे सक्षम परोपकारी संगठन और एक समृद्ध विरासत को छोड़ेगा। वर्तमान में अजीम, परोपकारी के कामों में व्यक्तिगत रूप से रुचि नहीं ले पा रहे हैं, विशेषकर 2019 की दुर्घटना के बाद से, जिससे वे पूरी तरह से उबर चुके हैं, फिर भी उनके लिए इस बढ़ती हुई उम्र में यह संभव नहीं है कि वे सभी स्कूलों का दौरा करें, जैसा कि वे कुछ समय पूर्व तक करते रहते थे।

यह बात अकसर पूछी जाती है कि जब 'बिल गेट्स फाउंडेशन' जैसे बाकी संगठन समाज सेवा के एक से अधिक क्षेत्रों में सक्रिय हैं, तब अजीम ने अपना सारा ध्यान सिर्फ शिक्षा के क्षेत्र पर ही क्यों केंद्रित किया है ? अजीम का मानना है कि शिक्षा के क्षेत्र में, बाकी का काम बच्चों द्वारा किया जा सकता है, इसलिए यह उनके दान-पुण्य के कामों का पसंदीदा क्षेत्र होना चाहिए, विशेष रूप से इसलिए भी, क्योंकि देश की सभी सरकारें लगातार शिक्षा को लेकर बिल्कुल उदासीन रही हैं और शिक्षा के क्षेत्र के लिए जी.डी.पी. का हिस्सा लगातार कम होता जा रहा है।

अजीम इतने बड़े स्तर का दान-पुण्य करने के बावजूद भी एक पूरी तरह से प्रसन्न व्यक्ति नहीं हैं, क्योंकि सरकारी स्कूलों के शिक्षक छात्रों को आधुनिक शिक्षा देने के प्रति जरा भी इच्छुक नहीं हैं; और वे अजीम प्रेमजी फाउंडेशन द्वारा स्कूलों को दान में दिए गए कंप्यूटरों को चालू करने तक की जहमत उठाने को तैयार नहीं हैं।

अजीम इतने बड़े स्तर का दान-पुण्य करने के बावजूद भी एक पूरी तरह से प्रसन्न व्यक्ति नहीं हैं, क्योंकि सरकारी स्कूलों के शिक्षक छात्रों को आधुनिक शिक्षा देने के प्रति जरा भी इच्छुक नहीं हैं; और वे अजीम प्रेमजी फाउंडेशन द्वारा स्कूलों को दान में दिए गए कंप्यूटरों को चालू करने तक की जहमत उठाने को तैयार नहीं हैं। सच्चाई अभी भी यही है कि अधिकांश स्कूल फाउंडेशन द्वारा जोर दिए जाने के बावजूद अपने शिक्षकों को प्रशिक्षण

के लिए भेजने के बजाय सिर्फ अनुदान लेने में अधिक रुचि दिखाते हैं। इसने शिक्षकों के प्रशिक्षण के लिए सभी सुविधाएँ तैयार की हैं, जिसमें इनके अपने कर्मचारियों के साथ तमाम सुविधाओं से सुसज्जित अपने भवन भी शामिल हैं। यह इस प्रक्रिया के हिस्से के रूप में विभिन्न शैक्षिक समस्याओं पर नजर रख रहा है। अभी तक फाउंडेशन की मौजूदगी देश के तेरह राज्यों में है और यह अपने आधार का विस्तार करने का इच्छुक है। स्पष्ट है कि अगर देश की शैक्षणिक व्यवस्था में सुधार लाना है तो दृष्टिकोण में आमूलचूल बदलाव समय की सबसे बड़ी आवश्यकता है।

अजीम ने खुद को सिर्फ अपने पैसे से समाजसेवा करने तक ही सीमित नहीं किया है, बल्कि उन्होंने अन्य अरबपतियों को भी अपने इस मार्ग पर चलने के लिए प्रेरित करने की एक पहल की है और उनकी यह पहल 'भारतीय परोपकार पहल' (आई. पी.आई.) के रूप में फलीभूत भी हुई। जिसे अजीम, रतन टाटा और कुछ अन्यों के प्रयासों से प्रारंभ किया गया और अब इसके सदस्यों की संख्या बढ़कर 80 तक पहुँच गई है। इस पहल का प्रमुख उद्देश्य अरबपतियों को उन विभिन्न समस्याओं से अवगत करवाना है, जो देश को बीमार बनाए हुए हैं और उनमें से एक या अधिक को अपने लिए परोपकार का काम करने के लिए चुनना है। आई.पी.आई. परोपकार का काम करनेवालों के लिए एक महत्त्वपूर्ण इकाई बन गई है। यह भी एक सच्चाई है कि देश के सभी अरबपतियों ने अभी तक अपने दिलों के साथ-साथ अपने बटुओं को नहीं खोला है। अगर वे सभी ऐसा करते हैं तो भारत की सामाजिक संरचना का कल्पना से परे तक बदलना बिल्कुल तय है।

अजीम ने खुद को सिर्फ अपने पैसे से समाजसेवा करने तक ही सीमित नहीं किया है, बल्कि उन्होंने अन्य अरबपतियों को भी अपने इस मार्ग पर चलने के लिए प्रेरित करने की एक पहल की है और उनकी यह पहल 'भारतीय परोपकार पहल' (आई. पी.आई.) के रूप में फलीभूत भी हुई।

अजीम प्रेमजी के कुछ महत्त्वपूर्ण उद्धरण

- सफलता दो बार प्राप्त होती है, एक बार मन में और दूसरी बार वास्तविक दुनिया में।
- अगर लोग आपके लक्ष्यों पर हँस नहीं रहे हैं, तो आपके लक्ष्य बहुत छोटे हैं।
- नेतृत्व अपने से कहीं अधिक होशियार लोगों के साथ काम करने का आत्मविश्वास है।
- मैं सिर्फ 21 साल का था और बीते कुछ सालों से कैलिफोर्निया की स्टैनफोर्ड यूनिवर्सिटी के इंजीनियरिंग स्कूल में पढ़ रहा था। कई लोगों ने मुझे हाइड्रोजनीकृत तेल के व्यापार को संचालित करने की चुनौतियों का सामना करने के बजाय एक अच्छी और आरामदेह नौकरी करने की सलाह दी। पीछे मुड़कर देखने पर मुझे खुशी होती है कि मैंने ऐसा करने के बजाय खुद चीजों को अपने हाथों में लेने का फैसला किया। नेतृत्व भीतर कहीं से ही शुरू होता है। वो एक छोटी सी आवाज है, जो आपको बताती है कि जब आप खुद को खोया हुए महसूस करते हैं तो 'कहाँ जाएँ', अगर आप उस आवाज पर विश्वास करते हैं, तो आप खुद पर विश्वास करते हैं।
- मेरा बेहद दृढ़ता के साथ ऐसा मानना है कि हममें से जिन लोगों को धन होने का सौभाग्य मिला हुआ है, उन्हें उन लाखों लोगों के लिए एक बेहतर दुनिया बनाने का प्रयास करने में महत्त्वपूर्ण योगदान देना चाहिए, जो कम सौभाग्यशाली हैं।
- जब बदलाव की दर अंदर के मुकाबले बाहर कहीं अधिक हो, तो यह समझ लेना चाहिए कि अंत अब निकट है।
- लोग सफलता या असाधारण सफलता की कुंजी हैं।
- आप जैसे-जैसे बड़े होते जाते हैं, आपको कार्यभार दूसरों को सौंपना सीखना होगा।

- आज की तारीख में लाखों बच्चे ऐसे हैं, जो स्कूल नहीं जाते हैं, हालाँकि इस देश में आगे बढ़ने का एकमात्र तरीका सिर्फ शिक्षा ही है।
- आप सिर्फ दिखावे के लिए व्यवसाय में नहीं आ सकते हैं।
- चरित्र एक ऐसी चीज है, जो आपके सभी कामों और निर्णयों का मार्गदर्शन करेगा। हमने असंबद्धतावाली अखंडता में निवेश किया, जिसने हमें कुछ सबसे कठिन व्यावसायिक परिस्थितियों में कठिन रुख अपनाने में मदद की।
- काम करने के हमारे तरीके में, हम विनम्रता और ईमानदारी को बहुत अधिक महत्त्व देते हैं; और मानवीय मूल्यों का सम्मान करते हुए हम पूरी ईमानदारी के साथ अपने उपभोक्ताओं की सेवा करने का वादा करते हैं।
- आप जैसे-जैसे बड़े होते जाते हैं, आपको कार्यभार दूसरों को सौंपना सीखना होगा। यह कर्मचारियों को कंपनी के संचालन में शामिल करने का एक शानदार तरीका है।
- हमारा ऐसा मानना है कि संचालन में उत्कृष्टता और मजबूत निष्पादन का यह संयोजन हमारी रणनीति है, जो हमारे लक्ष्यों को प्राप्त करने के लिए बेहद महत्त्वपूर्ण है। हम भविष्य में भी दोनों पर ध्यान देना जारी रखेंगे।
- एक थोड़ी-बहुत शिक्षित बालिका परिवार नियोजन, स्वास्थ्य सेवा और बदले में अपने बच्चों की शिक्षा को लेकर अधिक जागरूक होती है।
- बच्चों के सक्रिय और जिम्मेदार नागरिक बनने के लिए आवश्यक शर्तों में से एक है, स्कूल के भीतर और उसके बाहर पर्याप्य आदर्श व्यक्तियों की उपलब्धता।
- मेरा मानना है कि लोकतंत्र का एक सबसे बड़ा फायदा यह है कि यह नेताओं के एक समूह पर हमारी निर्भरता को कम कर देता है।

- मेरी कंपनी लोगों को योग्यता के आधार पर काम पर रखने में विश्वास करती है।
- हम लोगों को तब भी प्रमुख जिम्मेदारियाँ सौंप देते हैं, जब वे इनके लिए सिर्फ 60 प्रतिशत ही तैयार हों। हमारा अनुभव बताता है कि जिम्मेदारी लेते समय लोग बहुत लचीले होते हैं और वे काम करते हुए और अधिक तेजी से आगे बढ़ते हैं।
- हमेशा ध्यान रखें कि सफल होने का हमारा अपना संकल्प किसी भी एक चीज से कहीं अधिक महत्त्वपूर्ण है।
- योजनाओं को निष्पादित करने के लिए एक रणनीति होनी चाहिए।
- मैं चाहता हूँ कि विप्रो दुनिया की शीर्ष दस आई.टी. कंपनियों में शामिल हो।
- मुद्रास्फीति गरीबी की रेखा को ऊपर ला रही है और गरीबी को सिर्फ आर्थिक तौर पर ही परिभाषित नहीं किया जा सकता, बल्कि इसे शिक्षा और स्वास्थ्य के रूप में भी परिभाषित किया जा सकता है।
- अगर अमेरिका चीन, वियतनाम और भारत के बाजारों तक अपनी पहुँच बनाना चाहता है तो हमें भी उनके बाजार में अपनी पहुँच बनानी चाहिए। अमेरिकी संरक्षणवाद बहुत सूक्ष्म है, लेकिन काफी हद तक मौजूद है।
- हमारी योजना अगले कुछ सालों में ऐसी रणनीतिक पहल करने की है, जो हमें इस स्थिति में पहुँचा देगी, जहाँ से हम इस विकास का नेतृत्व कर सकते हैं।
- एक सलाहकार के रूप में मैं जो चाहे वो कह सकता हूँ, अगर मैं एक राजनेता होता, तो मुझे लगातार समझौता करना पड़ता और मैं ऐसा करने में असमर्थ हूँ।

□

अजीम प्रेमजी के 100 कथन

1. एक लड़की, जो थोड़ी सी भी शिक्षित है, परिवार नियोजन, स्वास्थ्य देखभाल और इन सबके कारण, अपने बच्चों की शिक्षा के प्रति अधिक जागरूक होती है।
2. किसी व्यक्ति को नष्ट किया जा सकता है, लेकिन पराजित नहीं।
3. नौकरी के लिए इंटरव्यू लेनेवाले हमारे सभी कर्मचारियों को अंग्रेजी में इंटरव्यू लेने के लिए प्रशिक्षित किया जाता है। उन्हें पश्चिमी देशों के अनुकूल लोगों को ढूँढ़ने के लिए प्रशिक्षित किया गया है, क्योंकि हमारे ग्राहक वैश्विक हैं।
4. हमेशा ध्यान रखें कि सफल होने का हमारा संकल्प अन्य किसी भी एक चीज से अधिक महत्त्वपूर्ण होता है।
5. एक सलाहकार के रूप में मैं कह सकता हूँ कि मुझे क्या चाहिए। अगर मैं एक राजनेता होता, तो मुझे लगातार समझौता करना पड़ता, और मैं ऐसा करने में असमर्थ हूँ।
6. जैसे-जैसे आप बड़े होते जाते हैं, आपको कुछ दायित्व दूसरों को सौंपना सीखना पड़ता है। यह कंपनी के संचालन में कर्मचारियों को शामिल करने का एक शानदार तरीका भी है।
7. विप्रो में हम गैर-इंजीनियरों को इंजीनियर बनने के लिए प्रशिक्षण दे रहे हैं।

8. उपभोक्ता व्यवसाय में होने से हमें मार्केटिंग, वित्त और रसद जैसे क्षेत्रों में प्रतिभाओं को तैयार करने में मदद मिलती है।
9. कुछ उत्पादों की श्रृंखला ग्राहक के निकट निर्मित होने से अधिक उपयुक्त होती हैं, जबकि अन्य का निर्माण भारत में करना सही होता है।
10. चरित्र एक ऐसा पहलू है, जिससे हमारे सभी कार्य और निर्णय निर्देशित होते हैं।
11. कॉलेजों से इंजीनियरों की तुलना में अधिक खेल-चिकित्सक पढ़कर निकलते हैं। संभवत: इस कारण ही अमेरिका खेल-प्रेमी देश है—मैदानों में बहुत सारे खेल खेले जाते हैं।
12. कोई किसी के बारे में आपसे क्या कहता है, इस पर अधिक ध्यान मत दीजिए। अपने अनुभव से हर किसी के अच्छे-बुरे का फैसला कीजिए।
13. शिक्षा महत्त्वपूर्ण है, क्योंकि इससे स्वास्थ्य-देखभाल जैसे अन्य सामाजिक संकेतकों का स्तर बढ़ता है।
14. नेतृत्व अनिवार्य रूप से अपने भीतर से शुरू होता है। यह एक छोटी सी आवाज है, जो आपको बताती है कि जब आप भटका हुआ महसूस करते हैं, तो कहाँ जाना है। अगर आप उस आवाज में विश्वास करते हैं, तो आप खुद पर विश्वास करते हैं।
15. सामुदायिक घरों की यही अवधारणा है कि भले ही किसी घर में टी.वी. उपलब्ध न हो, लेकिन एक संपन्न ग्रामीण के पास एक टी.वी. रहता है, शाम को वह इसे अपने घर के बाहर रख देता है।
16. जापान हमारे लिए बहुत अधिक प्राथमिकता रखता है। हम देखते हैं कि चीन में मुश्किलें हैं—लोगों की स्थिरता, बौद्धिक संपदा और अनिश्चित नकदी प्रवाह। वे मेहनती लोग हैं, लेकिन उनके पास लोकतंत्र नहीं है। जब वहाँ लोकतंत्र आएगा तो बहुत बड़ी चुनौतियाँ आएँगी।

17. सच कहूँ तो मुझे नहीं पता कि विश्व स्तर पर कितनी कंपनियाँ हैं, जो वास्तव में वैश्विक हैं।
18. आप भारतीय समाज और भारत राष्ट्र के निर्माण में कैसे योगदान दे सकते हैं?
19. मैं अंग्रेजी बोल सकता हूँ।
20. मैं हिंदी बोल सकता हूँ।
21. मैं एक या दो अन्य भाषाएँ समझ सकता हूँ।
22. मैं अपने कर्मचारियों को ट्रैफिक में नहीं फँसा सकता, जब उन्हें दफ्तर में होना चाहिए।
23. मेरा दृढ़ विश्वास है कि हममें से जो इतने भाग्यशाली हैं कि हमारे पास अधिक धन है, तो उन लाखों लोगों के लिए एक बेहतर दुनिया बनाने के प्रयास में महत्त्वपूर्ण योगदान देना चाहिए, जिनके पास बहुत कम सुविधाएँ हैं।
24. मुझे लगता है कि कोई भी धन ट्रस्टीशिप की भावना पैदा करता है। यह नई पीढ़ी की विशेषता है, जिसने धन इकट्ठा किया है और उसके लिए थोड़ी जिम्मेदारी ली है।
25. मुझे लगता है कि लोकतंत्र का लाभ यह है कि हम नेताओं के समूह पर इतने निर्भर नहीं रहते हैं।
26. मुझे लगता है कि हमारी सफलता का सबसे महत्त्वपूर्ण कारण यह है कि वैश्वीकरण के प्रयास में हमने बहुत पहले ही लोगों में निवेश किया। हमने लगातार और विशेष रूप से सेवा व्यवसाय में ऐसा किया है।
27. मुझे लगता है कि वे अब एक साथ काम कर रहे हैं। मूल रूप से जी.एम. एक बहुत मजबूत कंपनी है। मुझे लगता है कि यह लोगों की आशा से कहीं अधिक गति से आगे बढ़ेगी।
28. मैं चाहता हूँ कि विप्रो दुनिया की शीर्ष दस आई.टी. कंपनियों में शामिल हो।

29. मैं 21 साल का था और पिछले कुछ साल कैलिफोर्निया के स्टैनफोर्ड यूनिवर्सिटी इंजीनियरिंग स्कूल में बिताए थे। कई लोगों ने मुझे हाइड्रोजनीकृत तेल व्यवसाय चलाने की चुनौतियों का सामना करने के बजाय एक अच्छी, आरामदेह नौकरी करने की सलाह दी। पीछे मुड़कर देखता हूँ, तो मुझे खुशी है कि मैंने इसके बजाय एक बड़ी जिम्मेदारी को सँभालने का फैसला किया।
30. IBM भारत में अपनी सर्वश्रेष्ठ तकनीक नहीं ला रहा था। वे देश में पुरानी मशीनों को डंप कर रहे थे, जिन्हें 10 साल पहले दुनिया के बाकी हिस्सों में फेंक दिया गया था।
31. यदि किसी पर बहुत कृपा हुई है या इतना भाग्यशाली रहा है कि उसके पास बहुत अधिक धन है, तो स्वाभाविक है कि उससे वित्तीय जिम्मेदारी की अपेक्षा की जाती है कि वह उस धन को समाज के हित में कैसे लगाता है, किस प्रकार उपयोग करता है और उसका लाभ उठाता है।
32. अगर लोग आपके लक्ष्यों पर नहीं हँस रहे हैं, तो आपके लक्ष्य बहुत छोटे हैं।
33. यदि अमेरिका चीनी, भारतीय या वियतनामी बाजारों तक पहुँचना चाहता है, तो हमें उनके बाजारों तक पहुँच प्राप्त करनी चाहिए।
34. हमारे काम करने के तरीके में हम विनम्रता और ईमानदारी को बहुत अधिक महत्त्व देते हैं।
35. मुद्रास्फीति गरीबी रेखा को ऊपर ले जा रही है और गरीबी सिर्फ आर्थिक नहीं है, बल्कि स्वास्थ्य एवं शिक्षा के माध्यम से भी निश्चित होती है।
36. यह देश की आई.टी. राजधानी बनने जा रहा है। यह बहुत अच्छी बात है।
37. अब यह मुद्दा नहीं है कि किसी को चीन पर ध्यान देना चाहिए या भारत बनाम चीन पर, बल्कि भारत और चीन की बात होनी चाहिए।

38. अपना चेहरा हमेशा धूप की ओर रखें, छाया अपने आप आपके पीछे चली जाएगी।
39. स्वयं से अधिक बुद्धिमान लोगों के साथ काम करने के आत्मविश्वास को नेतृत्व कहते हैं।
40. सीखने में दिमाग कभी थकता नहीं है।
41. आगे देखें तो विकास की संभावनाएँ रोमांचक दिख रही हैं। हमने सप्ताह की तिमाही का समापन कारोबार में अच्छी रफ्तार के साथ किया। हमारे पास इसे बनाए रखने और उससे आगे बढ़ने की चुनौती है।
42. मेरी कंपनी योग्यता के आधार पर लोगों को काम पर रखने में विश्वास करती है।
43. स्कूलों में युवाओं की गुणवत्ता को उन्नत करने का इससे बेहतर तरीका कोई नहीं है, खासकर उन स्कूलों में, जो राज्य सरकार द्वारा गाँवों में चलाए जा रहे हैं।
44. आपके पास सपनों को साकार करने की रणनीति होनी चाहिए।
45. बच्चे सक्रिय और जिम्मेदार नागरिक बनें, इसके लिए पूर्व-शर्तों में से एक यह है कि स्कूल के अंदर और बाहर कई आदर्श होने चाहिए।
46. नए उत्पादों को बाजार में तेजी से लाने को लेकर हमारे क्लाइंट बहुत दबाव में हैं। उनके मूल कर्मचारी इसके लिए पर्याप्त नहीं हैं, इसलिए वे ऐसे भागीदारों की तलाश कर रहे हैं, जो उनके लिए यह काम कर सकें।
47. हमारा अनुभव है कि चीन में व्यापार करना मुश्किल नहीं है। लेकिन समस्या यह है कि आपने पहले क्या बातचीत की और जब आपने कारोबार शुरू किया तथा आपका निवेश वहाँ हो गया, तो आपके पास कितनी स्थिरता है।
48. हमारे वित्तीय समाधान और प्रौद्योगिकी व्यवसायों ने एक बार फिर तिमाही में दो अंकों की वृद्धि की है। इसी तरह परीक्षण, प्रौद्योगिकी

अवसंरचना प्रबंधन और उद्यम अनुप्रयोग सेवाओं जैसी सेवाएँ समग्र विकास दर से आगे जा पहुँची हैं।

49. पिछले कुछ वर्षों में मैंने विप्रो में शेयरधारिता का एक महत्त्वपूर्ण हिस्सा, जो कि विप्रो के 39 प्रतिशत शेयरों के बराबर है, एक ट्रस्ट को हस्तांतरित कर दिया है।
50. लोग सफलता या असाधारण सफलता की कुंजी हैं।
51. लोगों को अपने जीवन पर स्वयं नियंत्रण रखना होगा।
52. भारत में लगभग 90 प्रतिशत जमीन स्वामित्व को लेकर कानूनी विवादों के अधीन है।
53. कार में ढाई घंटे बिताना उत्पादक समय की भारी बरबादी है।
54. सफलता दो बार मिलती है—एक बार मन में और दूसरी बार वास्तविक दुनिया में।
55. हर जगह प्रतिभावान लोगों की कमी है।
56. परिवार से मजबूत जुड़ाव की अवधारणा पश्चिमी देशों में टूट रही है।
57. लाभांश भुगतान पिछले दो वर्षों की तुलना में अधिक उदार होगा और मोटे तौर पर पिछली तिमाही में हमने निवेशकों को जो बताया था, उसके अनुरूप होगा।
58. शुरुआती साल अभिनय से ज्यादा सीखने के बारे में थे। मुझे अपने पिता के काम को आगे बढ़ाना था, जो एक बड़ी चुनौती थी।
59. वैश्विक आई.टी. व्यवसाय ने क्रमिक रूप से दोहरे अंकों की मात्रा में वृद्धि दर्ज करते हुए अपनी गति को बनाए रखा, जिसके परिणामस्वरूप तिमाही के लिए राजस्व (अकेले सूचना प्रौद्योगिकी व्यवसाय से) 422 मिलियन डॉलर के हमारे अनुमान के मुकाबले 430.7 मिलियन डॉलर रहा।
60. आउटसोर्सिंग या वैश्विक सोर्सिंग के बारे में महत्त्वपूर्ण बात यह है कि यह प्रतिभा का लाभ उठाने, उत्पादकता में सुधार और कार्यचक्र को कम करने के लिए एक बहुत ही शक्तिशाली उपकरण बन जाता है।

61. कनाडा में भारतीय समुदाय अमेरिका में भारतीय समुदाय की तुलना में काफी बेहतर तरीके से एकजुट हुआ है। वे कनाडाई भी बन गए हैं, लेकिन अपनी सभी भारतीय विशेषताओं के साथ रीति-रिवाजों और सामाजिक समूहों को बनाए रखा है।

62. सबसे कठिन काम है कार्य करने का निर्णय, बाकी केवल तप है। डर कागजी शेर है। आपने अगर फैसला कर लिया तो कुछ भी कर सकते हैं। आप अपने जीवन को बदल और नियंत्रित कर सकते हैं, और प्रक्रिया, कार्य की शृंखला उसका प्रतिफल है।

63. भारत में सार्वजनिक/निजी भागीदारी विभिन्न रूप ले रही है। ऐसे व्यक्ति हैं, जो सामाजिक रूप से उन्मुख हैं, वे स्कूलों की स्थापना कर रहे हैं। वे कॉलेज स्थापित कर रहे हैं। वे विश्वविद्यालय स्थापित कर रहे हैं। वे गाँवों में प्राथमिक विद्यालय स्थापित कर रहे हैं, विशेषकर उन गाँवों में, जहाँ से उनके मूल परिवार आए थे।

64. परोपकार की जिम्मेदारी हम पर ही है।

65. तीसरी तिमाही के परिणाम विकास के अगले चरण का संकेत देते हैं। आई.टी. कारोबार से राजस्व $473 मिलियन (21.2 अरब रुपए) अक्तूबर में अनुमानित 463 मिलियन डॉलर (20.6 अरब रुपए) के मार्गदर्शन के आँकड़े से आगे था।

66. अगले कुछ वर्षों में हम अपनी योजना के हिस्से के रूप में जिन रणनीतिक प्रयासों का प्रस्ताव करते हैं, वे हमें इस विकास का नेतृत्व करने के लिए अच्छी तरह से स्थापित करते हैं।

67. हमारी सामाजिक प्रतिबद्धता और मानवता की परीक्षा है कि हम अपने साथी नागरिकों में से सबसे शक्तिहीन के साथ कैसा व्यवहार करते हैं, हम अपने साथी मनुष्यों को कितना सम्मान देते हैं। वही हमारी वास्तविक संस्कृति को प्रकट करता है।

68. तीन सामान्य चीजें जिन पर हम अकसर पर्याप्त ध्यान नहीं देते हैं, लेकिन जो मुझे लगता है कि सभी सफलता के रहस्य हैं—कड़ी

मेहनत, दृढ़ता और बुनियादी ईमानदारी।

69. अमेरिका एक जटिल देश है। इसमें प्रमुख रूप से सफल अप्रवासियों की उच्च प्रधानता है।
70. हम जितने अमीर होते हैं, उतने ही शक्तिशाली होते हैं।
71. पश्चिमी दुनिया उदारीकरण को पसंद करती है, बशर्ते इसका उन पर प्रतिकूल प्रभाव न पड़े।
72. भारत में 600 जिले हैं। भारत के प्रत्येक जिले में एक शिक्षक-प्रशिक्षण संस्थान है।
73. आज लाखों बच्चे ऐसे हैं, जो स्कूल नहीं जाते हैं। हालाँकि शिक्षा ही इस देश में आगे बढ़ने का एकमात्र तरीका है।
74. परोपकार के तीन पाठ हैं—एक, परिवार को शामिल करना, विशेषकर जीवनसाथी को। वह आपकी पहल की एक उल्लेखनीय प्रेरक हो सकती है। दूसरा, आपको एक संस्थान बनाने की जरूरत है, और आपको इसे बढ़ाने की जरूरत है। परोपकार के लिए ऐसा नेता चुनें, जिस पर आपको भरोसा हो। तीसरा, परोपकार के लिए धैर्य, तप और समय की आवश्यकता होती है।
75. परिवर्तन के अलावा कुछ भी स्थायी नहीं है।
76. कॉलेज की पढ़ाई में, विशेष रूप से इंजीनियरिंग में उचित मात्रा में कर्षण है, क्योंकि इसमें से बहुत कुछ का निजीकरण किया गया है, इसलिए उच्च गुणवत्ता वाले नए कॉलेज स्थापित करने के लिए यथासंभव प्रोत्साहन दिया जा रहा है।
77. अपने ग्राहकों को बेहतर समाधान प्रदान करना और शेयरधारकों के लिए स्थायी मूल्य बनाना हमारा निश्चित लक्ष्य रहता है। हम आनेवाली चुनौतियों के लिए रणनीति तैयार कर रहे हैं और अवसरों पर ध्यान दे रहे हैं, ताकि उच्च परिचालन उत्पादकता प्राप्त की जा सके।
78. अमेरिकी संरक्षणवाद बहुत सूक्ष्म है, लेकिन यह वहाँ बिल्कुल है।
79. हमारा मानना है कि संचालन में उत्कृष्टता का यह संयोजन और हमारी

रणनीति का प्रभावशाली निष्पादन हमारी सोच को साकार करने के लिए महत्त्वपूर्ण है। हम भविष्य में भी दोनों पर ध्यान देना जारी रखेंगे।

80. हम अपने आउटसोर्सिंग व्यवसाय को अपने उपभोक्ता व्यवसाय और इसकी सर्वोत्तम प्रथाओं के लिए मानक बना सकते हैं।
81. हम सारी जिम्मेदारी सरकार पर नहीं डाल सकते।
82. हम वैश्विक कंपनियों के साथ प्रतिस्पर्धा करते हैं और मुख्य रूप से सेवा व्यवसाय में हैं, जो लोगों पर बहुत अधिक निर्भर हैं।
83. हमने '80 के दशक के आखिर में ही वैश्विक बाजार में प्रवेश किया, और ऐसा इसलिए था, क्योंकि आयात अधिक उदार हो गया था।
84. हम लोगों को बड़ी जिम्मेदारियाँ देते हैं, भले ही वे केवल 60 प्रतिशत तैयार हों। हमारा अनुभव यह है कि जब आप उन्हें जिम्मेदारी देते हैं तो लोग काफी लचीले होते हैं, और वे अपने काम के साथ तेजी से तरक्की करते हैं।
85. हम अनुमान के आधार पर नहीं बल्कि आवश्यकता के आधार पर नौकरी पर रखते हैं।
86. हमने समझौता न करनेवाली सत्यनिष्ठा में निवेश किया है, जिससे हमें कभी-कभी सबसे कठिन व्यावसायिक स्थितियों में मुश्किल निर्णय लेने में मदद मिली है।
87. हमें अपने भूमि कानूनों, करों और सूचना प्रणाली में सुधार करना चाहिए।
88. हम रविवार को सरकारी स्कूल के शिक्षकों के लिए पाठ्यक्रम चलाते हैं। यह शिक्षक अपने भोजन और रहने के लिए भुगतान करते हैं। आप इन लोगों में जिस तरह की प्रतिबद्धता पाते हैं, वह उल्लेखनीय है।
89. हमने हमेशा अपने आप को भारतीय के रूप में देखा है।
90. हमने कभी अपने आप को हिंदू या मुस्लिम या ईसाई या बौद्ध के रूप में नहीं देखा।
91. जब बाहर परिवर्तन की दर अंदर की तुलना में अधिक है, तो मान

लीजिए कि अंत निकट है।

92. जब आप अपनी रस्सी के अंत तक पहुँच जाएँ, तो उसमें एक गाँठ बाँध लें और लटके रहें।
93. मानवीय मूल्यों के सम्मान के साथ, ईमानदारी के साथ हम अपने ग्राहकों की सेवा करने का वादा करते हैं।
94. अपने धन के कारण लोगों का मेरी ओर इतना ध्यान गया कि मुझे लगा जैसे मैं लोगों के गुस्से की वजह बन जाऊँगा, लेकिन इसके ठीक विपरीत हुआ, इसने बहुत से लोगों में और अधिक महत्त्वाकांक्षा पैदा की।
95. आप मात्र इस कारण व्यवसाय में नहीं आ सकते कि इसका फैशन है।
96. आपको ऐसा समाज नहीं मिलेगा, जहाँ आप कमाई से ज्यादा खर्च करते हैं। मेरा मतलब है, यह लंबे समय में मूल रूप से संभव नहीं हो सकेगा।
97. आप परोपकार का आदेश नहीं दे सकते। यह अपने भीतर से आता है, और जब ऐसा होता है, तो यह बहुत संतोषजनक होता है।
98. आप जीवन में सफलता में भाग्य के मूल्य को कम नहीं आँक सकते। और मैंने इसे समझना सीख लिया है।
99. अमेरिका में, ब्रिटेन में ऐसे छात्र हैं, जो इंजीनियर नहीं बनना चाहते हैं। शायद इसका कारण काम का बोझ है। मैंने इंजीनियरिंग की पढ़ाई की है, और मुझे पता है कि यह कितना कठिन है।
100. आपको ऐसे लोगों से जुड़ना चाहिए, जो आपसे बहुत कम सुविधा-संपन्न हैं। मुझे लगता है कि संसाधन नहीं तो कम-से-कम आपको अपना समय देना चाहिए, क्योंकि यह हमारे देश के विकास के लिए बहुत महत्त्वपूर्ण है।

□□□